KB168835

나는 경력없이 인맥없이 헤드헌터가 되었다

일러두기

이 책은 프리랜서 헤드헌터의 시선으로 썼으며 성과급제 서치펌의 모습을 담고 있음을 미리 밝힙니다.

나는 경력없이 인맥없이 헤드헌터가 되었다

문보연 지음

나비의 활주로

« 없는 길을 만들어가는 개척 정신이 프로 헤드헌터를 만든다 »

요즘 산업 환경의 변화와 패러다임의 변화로 직업은 3번 정도 바뀌고 직장은 5번 정도 이직하는 것이 경력관리 측면에서 최상이라고 한다. 저자가 이러한 패러다임을 읽고 과감히 안정적인 취업을 거부하고 헤드헌터라는 전문직에 노크한 것은 매우 탁월한 선택이었다. 앞으로 인생에서 그 보상을 충분히 받을 것이다.

이 책은 헤드헌터를 꿈꾸는 이들에겐 안내서가 될 것이고, 아직 진로를 설정하지 못하고 있는 이들에게는 인생의 터닝포인트를 찾을 수 있는 아이디어를 제공할 것이다. 저자와 나는 헤드헌터와 회사 사장과의 관계이지만, 대학교 3학년 재학시절 헤드헌터란 일에 진로를 설정하고, 그 꿈을 이루기 위해 도전한 면은 매우 닮았다.

업계 선배로서 보는 헤드헌터의 성공 요인으로는 첫째, 탄탄한 개인적인 휴먼 네트워크 둘째, 직무분석 능력Product Knowledge 셋째,

팀플레이Teamwork를 할 수 있느냐이다. 그다음으로 열정, 도전정신, 커뮤니케이션 능력, 창의력, 어학능력 등이 차선적인 성공요인이다.

저자는 회사 생활 경험이 없어 우선적인 성공 요인이 없었지만, 없는 길을 만들어가는 열정과 도전정신, 창의력으로 원하는 목표를 이루어내고 있으며, 이런 일련의 과정이 이 책에 고스란히 녹아 있다. 이 책을 통하여 많은 분들이 에너지와 아이디어를 얻어 성공적으로 커리어를 개발하길 바란다. 또한, 커리어에 변화를 주거나 인생의 터닝포인트를 찾고 싶다면 헤드헌터를 찾으시라.

김혜종_(주)프로매치코리아 사장

《 헤드헌터, 그 셀프 헬프(Self-Help)를 위한 지침서 》

기존의 세계관이 더는 제대로 작동하지 않는 것 같은 세기적 전환의 시대이다. 성공적으로 대처할 수 있는 효과적인 방안이 무엇인지 누구도 정확하게 파악하지 못하고 있는 것으로 보인다. 생산성의 향상에도 불구하고 임금은 하락하고 있으며, 마이너스 금리에도 은행예금이 증가하고 있는 등 근대 자본주의 논리는 제대로 작동되는 것 같지 않다. 근대 가족 제도의 대표적인 구성형태였던 아버지, 어머니, 아들과 딸 등으로 구성된 핵가족이 현재의 가족 구성 형태의 과반수를 훨씬 못 미치고 있다. 핵가족 제도의 내부 붕괴가 이미 한참 진행되었고, 주택 분양시장에서도 1인 가구 등 핵가족이 아닌 형태의 가구를 위한 주택이 대세가 되어버렸다.

인류공동체의 이와 같은 정체성의 혼란보다 더 심각한 문제는 그로 인한 삶의 사적인 측면에서 주체성의 미완성으로 인한 불안과 우울감이다. 아메리칸 드림American Dream으로 대표되는, 열심히 공부하고 열심히 일하면 성공할 수 있다는 근대적 이상이 평생을 걸고 믿을만한 이념이 더는 되지 못하고 있다. 이로 인해 청소년들은 물론 대학생들도 언제, 무엇을, 어떻게, 얼마만큼 하며 살아야 할지 알지 못하고, 알 수 있다고 기대하지도 못하며 방황한다.

기존의 체제가 삶의 전망을 제대로 제시하지 못하고 있는 현재, 공적인 삶의 양상은 물론 자신의 사적인 삶의 모습을 각자 스스로 구축해나가야 한다는 게 냉정한 현실 인식일 것이다. 이런 긴박한 상황에서, 이 책은 삶의 모습을 정하고 현대를 살아가는 데 필요한 중요한 지침서가 될 것이다.

이만식_ 가천대학교 영문과 교수, 시인, 문학평론가, 통역사, 번역가

저자서문

일의 자유와 전문성을 갈망하는 당신, 그렇다면 헤드헌터를 꿈꿔라!

주변의 친구들은 오늘도 학교에 다니거나 취업준비 중이다. 고시를 준비하거나 계약직으로 일하는 친구들도 있다. 이런 상황에 비하면 필자는 일찍 적성에 맞는 일자리를 찾았다. 지금 열정과 가능성을 모두 담아서 하는 일은 바로 '헤드헌터'이다. 물론 많은 이들의 선입견처럼 헤드헌터는 기업근무 경력자여야 기업에 필요한 인재를 찾기도 쉽고 사회생활하면서 쌓은 인맥을 이용하기에도 유리하긴 하다. 하지만 나와 같이 아무런 사회경력이 없었던 대졸신입도 멋지게 해낼 수 있다.

영문학과를 같이 졸업한 동기 한 명은 필자가 헤드헌터를 2년 하는 동안 교직원 계약직으로 근무했다. 계약직 이후에 무엇을 해야 할지 고민이라던 친구에게 마침 적합한 자리가 생겨서 연락했다. 그런데 친구는 '좋은 정보를 줘서 고마워. 그런데 새로 들어간 곳이 생겼어. 만나면 말해줄게.'라고 답했다. 다음번 만남 때 그 친구는 "나 대학교 다시 들어갔어. 학사 편입해서 간호학과로 갔어."라고 말하는 게 아닌가. 용기를 낸 친구의 도전과 꿈을 응원하고 축하해주면서도 한편으로는 '정말 요즘 첫 취업이 늦어지는구나'를 실감하게 되었다.

필자는 20대에 헤드헌팅을 시작하고 자리 잡은 노하우를 공유함으로써 청년세대에게 공감을 얻고 도움을 줄 수 있는 역할을 부여받았다고 생각했다. 그리고 헤드헌팅 산업과 헤드헌터라는 직업을 재조명하여 요새 화두인 청년실업 문제를 해결하는 방안과 연결해보았다. 어떤 산업이 정체되지 않고 성장하려면 새로운 세대들이 계속 유입되어야 하는데, 헤드헌팅 업계 종사자의 연령분포는 40세 전후가 많기 때문에 서치펌들도 한번은 고민해볼 주제라고 생각한다.

직장 상사와 대화를 나누던 중 "저는 연애, 결혼에 별로 관심

이 없어요. 주위에도 혼자 살고 싶어 하는 친구들이 많아요."라고 말한 적이 있다. 그랬더니 놀랍게도 "요새 5포 세대들이 많다던데 어떡해요?"라며 연민 섞인 답변을 들었다. 필자는 "포기한 게 아니라 원하고 선택한 사람들도 있어요."라고 답할 수밖에 없었다.

'5포 세대'라는 신조어를 만들어내며 현세대가 처한 상황을 사회구조적으로 접근하고 문제를 제기한 것은 의미가 있지만 청년들의 변화된 의식도 같이 주목해야 한다.

지금 20~30대는 성장이 멎고 정체 혹은 마이너스 경제 성장을 향해가고 있는 시대에 살며 부모님 세대가 겪었던 경제위기와는 다르지만 유사한 위기를 체감한다. 하지만 예전 세대가 국가발전이라는 공동의 목표를 위해 집단적인 경제활동에 투입되고 아이를 낳고 희생이나 충성을 받아들였다면, 지금 세대는 국부를 늘리는 역할에는 관심을 덜 두게 됐고 개인의 부와 행복을 더 중요하게 여긴다. 가계, 기업, 국가 내에서 주어진 역할에 치이지 않고 주체적으로 살고자 하는 의식이 커졌다.

교육을 더 많이 받았고 어느 정도 소득에 이르면 사람의 행복이 더는 돈에 좌우되지 않음을 보게 되었다. 이 시대의 청년들은 나라와 사회의 공동의 목적과 선에 대해 여전히 고민하지만 변화하는 시대에 맞춰 자신의 삶을 선택하고 있다.

그렇다면 지금 시대의 변화는 어떠한가? 첫째, 토요타발 '재택근무 혁명'을 시작으로 탄력적 근무와 스마트워크가 확산되고 있다. 둘째, 미국 앨고어 부통령의 수석연설문 작성자로 활동했던 다니엘 핑크가 말했듯, 지금은 프리 에이전트의 시대이다. 그는 "노동은 원하는 시간, 원하는 장소에서, 원하는 만큼, 원하는 조건으로, 그리고 원하는 사람을 위해 일하는 것이다. 다시 말해 모든 것을 스스로 결정하여, 자유롭고 진실하게 스스로 정의하는 '성공'을 책임 있게 수행하는 것이다."라고 말하였다. 점점 더 많은 청년들이 개인의 자율, 발전, 행복을 보장해주는 일자리를 원하고 일과 삶의 균형을 앞세우며 일한만큼 버는 것에 대해 합리적으로 생각하는 현상은 거스를 수 없는 트렌드이다.

헤드헌터는 이러한 트렌드를 이해하는 청년들의 기대를 충족시켜줄 수 있는 직업이다. 따라서 보다 많은 청년들이 헤드헌팅이라는 일에 관심을 가지길 바란다. 더불어 경력이 있지만 신입의 마음으로 인생 이모작을 준비하는 중년층, 구인·구직 과정에서 한번쯤은 헤드헌터를 접하게 될 인사담당자와 구직자들, 획기적이고 트렌디한 비즈니스 모델에서 아이디어를 얻고 싶은 이들에게 이 책이 유용한 정보와 생각거리를 제공하길 바란다.

문보연

CONTENTS

프롤로그

대학졸업 후 바로 헤드헌터가 되기까지

우연히 만난 행운의 직업, 헤드헌터

"왜 헤드헌터가 되었어요? 자유로워서?"

비교적 어린 나이에 헤드헌터로 일하다 보니 참 많이 이런 질문을 받는다. 하지만 자유롭다는 장점만으로 헤드헌팅에 입문한 것은 결코 아니다. 누구나 직업선택에서 일반적으로 고려하는 흥미와 적성, 업계전망, 안정성, 비전 등을 모두 따져본 후 신중하게 결정했다.

필자는 여러 가지 직업에 관심이 많았고 많은 직무를 이해하는 데에 특기가 있었다. 기업이 핵심인재를 스카우트하는 일은 몇 년이 지나도 가치가 변하지 않을 중요한 임무라는 점에서 업계전망과 안정성도 밝게 내다보았다. 100세를 살아가는 시대에 정년이 없는 직업이라는 점이 비전으로 보였다. 지금 같이 일하는 헤드헌터 중에는 60세, 67세인 분들도 계시다.

이렇게 헤드헌팅 업계에 들어오게 된 필자이지만, 대학생활 동안은 전혀 헤드헌터가 되리라 생각하지 못했다. 오히려 대학교 3학년 때까지 사람들이 "너는 앞으로 뭐 하고 싶니?"라고 물으면 "아나운서요."라고 대답하곤 했다. 어릴 적부터 꿈꿔왔던 직업이기도 했기에 학교 방송부원으로 활동했고, 매일 아나운서 원고를 썼으며 축제 때 MC를 보기도 했다.

아나운서 준비 다음으로는 전공 공부에 집중했다. 영문학을 전공하고 있었는데 학교에서 지원해주는 교환학생 제도를 적극적으로 활용했다. 그렇게 관심을 가진 서로 다른 분야에 몰두하며 지내다 보니 어느덧 인턴십을 찾아야 할 학년이 되어 있었다.

라디오 방송국에서 인턴의 경험을 얻기까지 다른 대학생들처럼 숱한 경쟁을 치렀다. 그때의 관심사는 헤드헌팅과는 저만치 동떨어져 있었다. 당시 지원했던 포지션은 주로 방송이나 홍보, 편집 직군이면서 업종은 여행 · 관광, 국제기구, 미디어 업계였으니 말이다. 게다가 무슨 직무이든 개의치 않고 '외국계 기업이 좋다더라.'는 말에 솔깃해서 지원했던 각종 외국계 기업들까지 합치면 50~60번의 전형을 경험했다. 물론 여느 취업준비생들처럼 지원하고 가끔은 면접을 보고 탈락하기도 하는 과정에서 좌절하기도 했고, 또 안 될까 봐 두려움과 불안감을 느끼곤 했다.

그러다가 우연히 한 지인의 소개로 라디오 방송국의 인턴십 기회를 가질 수 있었다. 그런데 바라던 방송 일을 실제로 해보니 능력이 생각만큼 따라가지 못함을 깨닫게 되었다. 본격적으로 방송계에 진출하려면 '끼가 필요하다'는 사실을 객관적으로 받아들이게 된 것이다. 그러면서 전공과 해외경험이 영어를 활용하는 직장에서 쓸모가 있을 거 같았고 그렇게 해야 공부한 게 아깝지 않을 거 같다는 생각이 자연스럽게 들기 시작했다.

그래서 영어를 사용하면서 관심사를 동시에 살릴 수 있는 직무를 중심으로 다시 진로를 모색하기 시작했다. 그러던 중 번역회사에서, 그리고 한국관광공사에서 인턴 기회를 얻었다. 이 시기에 고려했던 진로는 번역가와 MICE 기획자였다. 당시 관광공사에서 만나게 된 한 멘토 분은 진로에 대한 조언을 해주셨다. 꿈에 관해 얘기하니 "그 직업에서 어느 분야에 전문성을 갖고 어떻게 성공할 것인지에 대한 계획이 부족한 것 같네. 추상적으로 꿈꾸기보다는 진짜 하고 싶은 일이면서 10년 후에 전문가가 될 수 있을 것 같은 직업을 찾아보는 게 좋지." 라고 조언해주셨다.

그러고 보니 너무 영어 사용 여부와만 연계해 꿈을 고려하고 있었다는 생각이 들었다. 영어를 많이 사용하지 않는 일 중에서도 하고 싶은 게 있는지 곰곰이 생각해보았다. 그런데 마침 떠오른 직업이 하나 있었다. 바로 '헤드헌팅'이었다.

마침 졸업을 한 학기 남겨둔 상태였고 졸업하면서 바로 취업하고 싶었으므로 헤드헌터 지원을 위해 이력서를 잡포털에 올리고 헤드헌팅업체에 직접 지원하기도 했다. 몇 군데로부터 면접 요청을 받았고 그중 서치펌 하나를 선택했다. 준비된 것은 아무것도 없었지만, 입사의 기회가 주어졌다. 헤드헌팅 회사에서 인턴을 했다거나 관련 교육을 수료했던 적은 한 번도 없었다.

대학 재학 4년 동안 헤드헌터라는 직업은 생각해본 적도 없었고 전혀 관련 없는 일들만 했었기에 나의 직업선택에 부모님도, 친구들과 지인들 모두 놀랐다. 필자 또한 정말이지 갑작스럽게 진로를 변경한 것이 신기할 정도이다. 갑자기 '헤드헌터'라는 단어가 번뜩 떠올랐기 때문이다. 이런 경험이 있는지라 '어떻게 하고 싶은 일을 찾는지'에 대해 궁금해하는 후배들에게 도움을 줄 수 있다.

첫 번째, 하고 싶은 직업은 미리 인턴십 같은 제도를 통해서 체험해보고 정말 자신의 적성에 맞는지 점검해보라.

두 번째, '나는 A를 잘하기 때문에(혹은 좋아하기 때문에) A관련한 일을 해야 한다', '나는 B쪽을 경험했기 때문에 B에서 받아줄 것이다' 같은 정의를 미리 내릴 필요는 없다. 필자 또한 이와 같은 한정적인 생각에서 벗어나니 진정 하고 싶은 것이 떠올랐다.

세 번째, 다양한 직업 군에 대해서 관심을 가지는 것이 필요하다. 자기 관심사와 전공과는 무관한 일에는 어떤 것이 있는지 알고 있어야 창의적인 아이디어가 나온다. 입사하고 나서 "헤드헌터를 학생 때부터 하고 싶었어요?", "이 직업을 어떻게 알았어요?" 라는 얘기를 많이 들었는데 앞서 말한 세 가지 사항이 헤드헌터가 되는 동기가 되어주었다.

준비했던 분야와 달랐지만 지원하려는 직무에 대해 깊게 공부했고 경험했던 것과 연관시킬 수 있는 부분을 이력서에 썼다. 예를 들면 다음과 같다. 한국관광공사에서 정기발간물에 실을 기고문 주제를 잡고 관련 전문가를 찾아서 원고를 의뢰하는 프로젝트를 담당했었다. 당시의 업무는 헤드헌터가 요청 들어온 직무에 적합한 후보자를 찾아서 컨텍하고 이력서를 받는 업무와 유사했다.

두 번째, 필자가 되고자 하는 직업인들이 갖추고 있는 성향들을 찾아봤고 해당하는 것들을 나열했다.

세 번째, 부족한 부분이 무엇인지 인지하고 있음을 드러냈으며 보완해나가겠다는 포부를 밝혔다.

진로를 준비해야 할 대학생들에게 유용한 진로 선택을 위한 준비사항은 다음과 같다. 먼저 미리 일을 다양하게 해보는 것이 좋다. 그리고 할 때는 제대로 몰입해서 익혀야 한다. 일하면서 그에 대한 장 · 단점, 자신의 성격과 적성에 맞는지에 대해 기록해두는 것이 좋다. 졸업을 코앞에 둔 시점에서 진로를 결정하게 된 필자에게는 다양한 경험이 큰 도움이 되었기 때문이다. 당시에는 미래를 생각하면서 했던 경험이 아니었어도 나중에 활용할 부분이 있었던 것은 경험이 많았기 때문이다.

헤드헌터의 첫 관문, 면접의 추억

헤드헌터로 진로를 결정한 후에는 보통의 취업준비생처럼 자기소개서를 수십 번 쓰고 인·적성검사를 준비하거나 소위 말하는 '서류광탈'이나 '면접광탈'의 경험을 하지는 않았다. 서치펌 입사는 대기업이나 공기업 입사처럼 경쟁률이 높지는 않기 때문이다. 하지만 헤드헌터로 취업준비를 했을 때도 물론 어려움은 있었다.

총 스무 군데의 헤드헌팅 사에 지원했다. 메이저 서치펌은 서류에서 많이 탈락했다. 그런 곳은 커리어컨설팅 역량을 헤드헌팅의 역량에 포함하는 경향이 있었고 당시 그 부분에서는 부족했기 때문이다. 경력이 많다면 전문성이라도 기대하나 경력이 없었고 커리어컨설팅을 하기 위해 학습해둔 지식이나 준비해놓은 것이 없었으며 신입컨설턴트에게 기대하는 어엿한 학력도 없었다. 하지만 그럼에도 메이저 서치펌에서 좋게 봐준 곳이 있었다. 경영총괄 실장과 실무 헤드헌터 팀장이 1,2차 면접을 봤는데 다 합격할 수 있었다. 그런데 대표 면접에서 입사 기회를 놓쳐버렸다. 한 가지 질문에서 결정적인 의견 차이가 있었기 때문이었다.

"요즘 고민이 무언인가요?"라고 질문하였는데 그때 "특별한 고민은 없는 것 같아요. 지금 취직 고민이 전부인 것 같습니다."라고 답했다. 그랬더니 "현재 힘든 게 없나요?"라고 되물었고, "저는 힘들 법한 상황에서도 힘들다고 생각하지 않습니다. 걱정거리가 있어도 고민이라고 생각하지 않고 넘기는 성격이에요."라고 대답했다. 그런데 면접관이 "날라리네."라고 말하는 게 아닌가. 그 말을 듣고 떨어질 것 같다고 직감했다. 뒤이어 "요새 젊은 사람들은 고민을 안 해서 문제야."라는 덧붙임이 있었기 때문이다.

면접이 잘 진행되다가 이상하게 마무리가 되었기에 집에 와서도 며칠간 씁쓸함이 맴돌았다. 솔직하게 대답한 것이었고 이것으로 상대방이 인성을 파악한다면 낙천적이라고 여길 줄 알았다. 여기는 합격하면 1순위로 가려고 했던 곳이었는데 1,2차 면접을 봤던 분들이 대표와 최종 결정을 내리기까지 2주 정도 시간을 달라고 했다. 그 2주 동안 지금 있는 서치펌에 면접을 봤고 이곳을 선택하게 되었다.

지금 와서 당시의 면접을 평가해보면, 스킬이 많이 부족했다. 면접관이 하는 모든 질문에는 의도가 있다. 그 목적을 위해서 어떤 대답을 기대하기 마련인데, 대답을 피해버린 셈이 되어버렸다. '고민이 무엇인가요?'라는 질문에 '고민이 없다.'고 하는 것은 솔직한 답변이었지만 오히려 너무 성의 없는 답변으로 여겨질 수도 있었다. 그래서 약간의 시간을 구해서라도 적절한 고민을 말하면 좋았을 것이다. 인터뷰에서 답변의 내용도 보지만 태도도 본다는 것을 직업상 많은 사람을 면접에 보내며 제대로 알게 되었다.

후보자들이나 필자나 면접에서 떨어진 원인은 실무역량이 부족해 보였거나, 태도가 미흡해 보였거나 크게 두 가지 이유 중 하나이다. 신입이든 경력자든 인터뷰 답변의 내용은 경험과 생각의 깊이로부터 만들어진다. 따라서 지원분야에 대한 경험과 생각을 많이 한 사람일수록 유리하다. 반면에 태도는 연습으로 단련하면 어느 정도 갖출 수 있다. 면접 때 받았던 질문은 다음과 같다.

1. 헤드헌터의 업무 프로세스를 알고 있는가?
2. 헤드헌팅이라는 일에 어떻게 관심을 두게 되었는가?
3. 헤드헌터를 하고 싶은 이유는 무엇인가?
4. 헤드헌터로서 필요한 자질이 무엇이라고 생각하는가?
5. 취미와 특기는 무엇인가?
6. 현재 고민이 무엇인가?
7. 스트레스 관리를 어떻게 하는가?
8. 하루에 모르는 사람한테 전화 100통을 해야 한다면 할 수 있겠는가?
9. 자신 있는 분야가 무엇인가, 또는 전문분야로 개발하고 싶은 분야는? (관심 있는 산업, 업종)
10. 희망연봉 (기본급 체계와 성과급 체계에 대해 어떻게 생각하는가)은 얼마인가?
11. 서치펌들 중 해당 서치펌을 지원한 이유는 무엇인가?

12. 어떤 헤드헌터가 되고 싶은가, 5년, 10년, 30년 후 어떤 모습일 것 같은가, 미래의 꿈은 무엇인가?
13. 기타 이력서에 나타난 전공, 학부 시절, 인턴 경험과 관련된 질문

필자가 성과급제 서치펌을 선택한 이유는 고급인력을 발굴하고 추천하는 것을 기술로 봤기 때문이다. 변호사, 의사, 약사와 같은 전문직 종사자처럼 자기 기술을 연마해야 하고 능력껏 성장할 수 있다. 그리고 사업장을 낼 수 있는 직업이면서 개인역량이 있으면 기업에서 해고되는 걱정은 하지 않아도 되는 직종이 바로 헤드헌팅이다.

사업자 성격을 띤 직종이라면 소득도 당연히 사업소득이 되어야 한다고 생각했다. 급여가 일반 회사에서 공동의 가치생산을 위해 투입한 개인의 인풋Input에 대한 보상이라면, 헤드헌팅은 개인이 생산물을 만들어내는 직업이기 때문에 채용이 성사되어 기업에 가치를 제공했을 때 보상을 받는 것이 자연스러웠다. 서치펌과 비슷한 일을 하는 곳도 같이 두고 고려해봤는데 인력파견이나 아웃소싱, 커리어컨설팅 업체에서는 전문직으로 성장하는 데 한계가 있었다. 자부심 측면에서는 '고급인력 채용전문가'라는 면에서 헤드헌터가 제공해줄 수 있는 측면이 마음에 들었다.

잡코리아 서치펌 · 헤드헌터 정보에 따르면, 현재 국내에는 약 1,500개의 서치펌이 있고 8,500명의 헤드헌터가 활동 중이다. 개인사

인력파견 업체, 헤드헌팅 회사, 아웃소싱 업체, 커리어컨설팅 회사의 차이점

- **인력파견 업체** 근로자파견법에 의해 파견업 허가를 받은 기업으로 구직자를 파견회사 자체 직원으로 채용하여 특정회사와 파견근로자 공급계약을 체결한 후 계약기간 동안 파견을 보내는 회사를 말한다. 이 경우 근로자는 파견회사의 소속 직원이지만 근로는 사용 계약한 회사에서 제공하게 되며, 업무지휘 지시도 사용회사에서 받는다. 하지만 사용회사는 사용자가 아니기 때문에 입사에서 퇴사까지의 모든 행정처리는 파견회사에서 하게 된다. 즉, 급여지급, 4대 보험가입, 휴가제공, 퇴직금 지급, 퇴직 후 경력증명서 발급 등 사용자로서의 모든 행위는 근로자 파견회사에서 한다는 의미이다.
- **헤드헌팅 회사** 직업안정법상의 유료 직업소개 사업자 중 하나로 구직알선 대상이 고급인력인 회사를 말한다. 이 경우 채용대행 수수료가 일반 구직자를 소개하는 것보다 높은데, 일반적으로 연봉의 15~20% 정도를 받는다. 이에 비해 일반 직업소개소는 구직자 1인당 30만 원 내외를 받는 게 일반적이다.
- **아웃소싱 업체** 국내에서는 인력공급체를 아웃소싱 기업으로 통칭하고 있고, 이들 기업이 각 분야에 인력을 공급하는 행위를 아웃소싱이라 칭한다. 이는 근로자파견, 경비, 미화, 업무위탁 등 인력에 관련된 모든 서비스를 말하는 것으로 우리나라에만 있는 특징이다.
- **커리어컨설팅 회사** 고객들로부터 직접 수수료를 받고 취업 준비를 도와주는 회사를 말한다. 주요 고객은 사회초년생, 중 · 장년 이직자 등 다양하며 대형 컨설팅 회사는 대기업의 아웃플레이스먼트(퇴직예정자 전직지원 프로그램)작업 전체를 맡아서 진행하기도 한다. 이력서, 면접준비 등을 도와주면서 건당 수수료를 받거나 컨설팅 기간을 3개월~1년으로 나눠 100~300만 원 정도 받는 것으로 알려져 있다.

출처 《100만인 일자리 찾아주기 협동조합》, 〈네이버캐스트 상식백과〉

업자로 운영하는 서치펌이나 특정 산업만 헤드헌팅하는 서치펌들이 소규모로 흩어져서 분포하며, 소속 헤드헌터가 25명이 넘는 곳은 50여 개로, 이 정도 규모는 대형 서치펌으로 구분된다.

운영방식은 전체적으로 성과급 100%를 선택한 곳이 많다. 그곳에서는 매출의 70%를 헤드헌터에게 지급하는 것이 일반적이다. 반면 정규직으로 운영하는 서치펌들도 있으며 보통 기본급 월 100~150만 원에 매출의 30%를 인센티브로 지급한다.

성과급제 서치펌, '프리랜서' 또는 '개인사업자' 등의 방식으로 직원을 채용하는 곳에서는 헤드헌터가 근무시간과 공간을 자유롭게 할 수 있지만, 사용주 회사로부터 개인사업자로 위탁계약을 맺어 실적에 따른 수수료를 나누고 관리받는 것이기에 사업주에 대한 종속성이 어느 정도 있다. 계약조건은 개인사업자의 조건을 따라서 4대 보험은 적용하지 않는다. 헤드헌터가 벌어들이는 수입에서 매 소득의 3.3%가 원천징수되고, 근로소득세가 아니라 5월에 종합소득세를 신고한다.

성과급제(프리랜서, 사업소득자) 서치펌과 정규직(근로소득자) 서치펌 중 어느 곳에 입사할 것인가는 지원자가 성향을 고려해서 결정해야 한다. 서치펌으로 구직한다면 잡코리아 서치펌 · 헤드헌터 현황에서 관심 있는 기업을 찾은 후 해당 기업의 홈페이지를 통해 지원하는 방법과 취업포털에서 공고를 보고 지원하거나, 이력서를 올리고 공개해두는 방법이 있다. 헤드헌팅업계 정보와 구인정보를 받아볼 수 있는 커뮤니티로는 '헤드헌터와 리서처 정보공유 모임(http://cafe.naver.com/hrhunter)', '헤드헌터와 서치펌스 모임(http://cafe.naver.com/hrclick)'이 활성화되어 있다.

헤드헌터 친구에게 거는 기대

함지현 〈전자신문〉 통신방송부 기자

헤드헌터? 저자가 첫 직업으로 '헤드헌터'를 선택했다고 했을 때 고개를 갸우뚱할 수밖에 없었다. 내가 아는 저자는 한때 학교 방송부 활동을 했었고 방송분야를 지망하는 친구였기 때문이다. 미국과 말레이시아 교환학생도 다녀오는 등 활발한 성격의 친구였기에 PD 혹은 다른 방송전문인으로 활동할 줄 알았다. 그래서인지 당시에는 조금 뜬금없는 선택이라 여겼다.

헤드헌팅이나 아웃소싱 업체를 통해 구할 수 있는 일자리는 변변찮다는 인식도 있었다. 한때 방송 PD를 꿈꾸던 내게 어떤 헤드헌터는 재정상황이 열악한 회사를 연결해줬고, 아웃소싱 업체는 지상파의 계약직 자리를 제안했기에 그런 경험으로 인해 헤드헌터에 대한 불신이 있던 것이 사실이었다. 하지만 친구가 하는 일을 쭉 지켜보면서 여러 가지 사실을 깨달았다. 생각보다 많은 이들이 헤드헌팅을 통해 일자리를 구했다. 그중에는 이름만 대면 알만한 대기업에 다니다가 '자아실현'이든 소위 말하는 '저녁이 있는 삶'이든, 원하는 가치를 추구하고자 직장을 옮기는 이들도 있었다.

저자는 회사가 원하는 인재상과 구직자가 원하는 회사상이 맞아떨어지는지를 살폈다. 마침내 자신이 담당하던 사람이 입사한 후에도 회사생활은 어떤지 계속 연락하는 모습에서 직업에 대한 애정을 엿볼 수 있었다. 그런 모습을 지켜보며 헤드헌터에 대한 오해는 점점 사라져갔다.

요즘 구직이 힘들다보니 혹여 면접에서 부당한 내용을 요구받더라도 감내하는 경우가 생긴다. 또는 어렵게 공채의 벽을 뚫고도 퇴사하는 신입 사원까지 생기곤 한다. 지원자는 회사와 업무에 대해 알 수 있는 정보가 제한적이었기 때문에 자신이 기대했던 것과의 괴리가 생기는 것이다. 이러한 간극을 메우는 헤드헌팅은 경직된 채용 시장에 변화상을 제시할 것으로 보인다. 헤드헌터라는 직업 자체가 하나의 대안이 될 수도 있고, 헤드헌팅을 통한 구직으로도 또 다른 길을 모색할 수 있기 때문이다.

HEADHUNTER

PART 01

헤드헌터가 알아야 할 것들 & 헤드헌터를 알아야 할 사람들

프로페셔널한 헤드헌터는 산업현장에서의 경험이나 업계지식이 많다고 드러내기보다 기업이 최적의 인재를 채용할 때까지 자기 일처럼 돕는 고객 지향적이고 결과 지향적인 태도가 강한 사람이다. 후자의 헤드헌터는 최적의 인재를 찾기 위해 산업현장과 업계에 대한 조사를 반드시 선행하며 겸손한 자세로 기업과 후보자의 신의를 얻는다는 사실을 명심해야 한다.

헤드헌터 지망생과 입문자가 알아야 할 것들

HEADHUNTER

전문직은 전문성이 있어야 하는 직종이다. 어원을 보면 '프로페셔널Professional'이 말하는 것과 같이 프로페셔Professor, 즉 대학교수가 전문직의 표준이다. 대학교수에 상응하는 지식 및 명예, 수입을 모두 갖춰야 전문직이라고 한다. 전문직은 또 다른 말로 자유업이라고 하는데, 고도의 전문적인 지식을 수단으로 하는 독립자영업자라는 의미가 포함된다.

헤드헌터는 고급인재의 원활한 수급과 인재의 적재적소 배치, 채용회사에 대한 고급정보 제공, 후보자에 대한 전문적인 물색과 평가업무를 프로페셔널하게 처리하는 전문직이다. 전문적인 지식을 기반으로 많은 인맥을 확보하고 사회적으로도 인정받는다. 경력 헤드헌터의 연 수입은 변호사나 공인회계사, 의사의 연 수입을 웃돈다.

헤드헌터가 전문직인데도 불구하고 기존에 잘 알려진 전문직과 함께 범주화되지 않는 경우가 발생하는 까닭은 자격증이 없기 때문이다. 잘 알려진 전문직(변호사, 의사, 교수, 회계사, 세무사 등)은 탁월하게 높은 수준의 학습능력을 증명해야 한다. 그리고 국가에서 자격을 주는 시험을 주관하고 있다. 하지만 헤드헌터는 구성원들의 능력을 평가하는 제도가 없다.

이렇듯 신분이 보장되고 자율성과 부와 안정감을 구할 수 있는 직업이 많은 사람에게 개방되어 있다는 점은 크나큰 기회이다. 이제 헤드헌터를 알게 된 당신은 문턱이 낮을 때 도전할 기회를 얻었다. 하지만 자격증이 없이 이 직업에 종사하는 것은, 당신 스스로가 자격을 갖춘 전문인이라는 사실을 증명해야 하는 과제를 남긴다. 헤드헌터는 전문직으로서의 역량을 갖추어야 한다. 전문직답게 일하기 위해서 필요한 것은 첨부한 '그림 헤드헌터의 정의'를 빠짐없이 따르는 것이다.

고급인력을 헤드헌팅 하지 않는 종사자가 늘고 (사원 · 대리급, 단순계약직, 핵심인재 아닌 평사원 등을 추천하는 경우의 증가), 헤드헌터가 진행해야할 프로세스 중 일부만 하는 사람(의뢰업체 발굴만 해오는 사람, 후보자 추천만 하는 사람)이 증가하는 것은 진정한 헤드헌터의 역할에 좋은 영향을 주진 않는다. 자신의 인맥을 활용해서 헤드헌팅을 잘할 수

요약 기업의 임원이나 기술자 등 고급인력을 필요로 하는 업체에 원하는 인력의 선정에서부터 평가, 알선까지 조사과정을 거쳐 적정인력을 소개한다.

· 숙련기간	2년 초과 ~ 4년 이하
· 직무기능(자료)	분석
· 직무기능(사람)	말하기 · 신호
· 직무기능(사물)	관련없음
· 작업장소	실내 · 외
· 유사명칭	고급인력알선원
· 고용직업분류	0713 직업상담사 및 취업 알선원
· 표준직업분류	2473 직업상담사 및 취업 알선원
· 표준산업분류	751 인력공급 및 고용알선업
· 조사연도	2005년

의뢰업체를 방문하여 요구하는 인재의 능력, 성격, 경력, 제시연봉 등을 파악한다. 의뢰업체의 비전, 조직구조, 조직문화, 경력경로 등을 파악한다. 기존 자료나 인재탐색을 통해 의뢰업체에서 요구하는 인재와 부합하는 인재를 몇 배수 선발한다. 대상자와 접촉하여 스카우트 제의를 표시한다. 후보대상자를 대상으로 업무수행능력과 인성을 중심으로 인터뷰한다. 후보자 중 추천할 사람을 선정하여 대상자의 경력, 학력, 인성, 전직이유, 희망연봉 등을 기술하여 의뢰업체에 송부한다. 의뢰업체에서 긍정적인 반응을 보인 후보자와 연봉 등을 협상하고 조정한다.

그림 헤드헌터의 정의 출처: 한국직업사전

있을 것으로 생각하고 일을 시작할 수도 있다. 이때 의뢰업체를 발굴해 와서 동료 헤드헌터에게 후보자 추천을 요청하고, 지인이나 지인 주변의 핵심인재를 동료 헤드헌터에게 소개해주고 채용시켜 코웍Co-Work이라는 명분으로 매출을 올리기도 한다. 서치펌과 고객사 입장에서는 결과(수익화, 채용)를 얻는 것이기 때문에 이러한 사람들을 구별하지는 않는다. 하지만 필자의 소견으로는 전체 헤드헌팅 프로세스를 스스로 성공시키는 것에 소홀히 한다면 진정한 헤드헌터라고 하기에 부족하다. 실제로 헤드헌팅 전체 프로세스를 이해하지 못하고 있는 경우가 있기 때문이다. 따라서 서치펌이든 유사한 비즈니스이든 '채용만 성사시키면 된다'는 생각을 은연 중에 하면서 헤드헌팅 업무의 일부만 하는 사람들에게 헤드헌터라는 직함을 주는 것은 재고할 재고할 부분이라고 본다.

프로페셔널한 헤드헌터가 되려면 전문성을 확보하기 위해 노력해야만 한다. 헤드헌팅 업무의 일부만 하는 반쪽자리 직업인이 될 것인가, 아니면 온전한 전문가로 성장하는 독립적인 직업인이 될 것인가? 이는 당신의 선택에 달려있다.

진로와 취업을 고민하는 청년들에게

HEADHUNTER

헤드헌터에게 필요한 자질은 기업과 직무에 대한 분석 능력, 학습 능력, 커뮤니케이션 능력, 창의성, 민첩성과 끈기이다. 이러한 자질이 있고 흥미가 있는 청년이라면 다음과 같은 이유로 이 일에 도전해보길 권한다.

첫 번째, 사회적으로 흔히 선망되는 대기업 입사나 공무원이 되는 길 외에도 엄청나게 많은 기업과 직업이 있다는 것을 알게 되고 입문의 기회도 살펴볼 수 있다. 그동안 채용시킨 13개의 기업 중 몰랐던 회사가 아홉 군데였다. 새로 알게 된 직무도 많다.

요새 취업준비생들의 가장 큰 고민은 '내가 좋아하는 걸 아직 못 찾았어' 또는 '내가 무엇을 해야 할지 모르겠어'라고 한다. 자신을 모르는 상태에서 취직준비를 하기보다 이 일에 도전하고 시작함으로써 알지 못했던 자신의 직업을 발견할 기회가 생긴다.

두 번째, 기업의 인재상을 알 수 있고 수많은 이력서를 보면서 경력개발 과정을 배울 수 있다. 다른 사람의 경력개발에 일조하면서 자신의 경력개발 방향도 점검할 수 있는 매력이 있다.

세 번째, 다양한 사람을 만나며 얻는 이점과 즐거움이 있다. 자신과 다른 분야의 사람들과도 어울릴 수 있고 그 사람들의 삶을 내 생활에 비추어보면서 필요했던 깨달음과 정보를 얻을 때가 많다. 헤드헌터를 하지 않으면 만나기 어려웠을 인연들을 만나며 소소한 행복의 순간이 찾아오기도 한다.

네 번째, 전문성과 인적 네트워크를 쌓을 수 있다. 전문성과 인적네트워크가 있어야 헤드헌팅을 할 수 있다고 생각하기 쉬운데, 오히려 헤드헌팅을 하면서 자기 전문분야를 개척하고 인적 네트워크를 만들어갈 수 있다.

마지막으로 인사, 채용 분야로 영역의 교차가 가능하므로 커리어 개발에도 도움이 된다. 헤드헌터를 하다가 기업의 인사팀 또는 채용 담당자 포지션으로 갈 수 있고, 취업컨설팅업체나 학교, 공기관 등의 취업지원실 등의 입사도 가능하다.

서치펌 입장에서는 사회초년생을 헤드헌터로 채용하는 데에 비용이 들지 않는다. 연륜있는 헤드헌터와 동시에 가능성 있는 젊은 인재

를 추가적으로 채용하는 것은 기업의 성장을 위해서도 필요하다. 필자는 스마트한 후배들이 헤드헌팅 업계에 많이 입문하여 서로 윈윈Win-Win하였으면 하는 소망이 있다. 다만 헤드헌터를 하기 위해서는 능동적인 역량이 필수적이며 스스로 목표와 전략을 세우고 동기 부여할 수 있어야 한다.

사회경험이 없는 청년이지만 헤드헌터가 되고 싶다면 어떤 방법이 있을까? 헤드헌터가 되길 염두에 두고 사회생활을 시작할 수도 있고, 서치펌에 바로 입사하여 배우는 방법도 있다. 사회생활을 먼저 시작하면 헤드헌팅을 하는 데 필요한 직무분석 능력이나 네트워크를 만들어갈 수 있어서 좋다. 반면에 서치펌에 바로 입사하면 오히려 헤드헌팅을 할 수 있는 능력을 한 단계씩 차근차근 쌓아갈 수 있다. 그러는 동안 생존능력을 스스로 키우게 되며, 오래 일할 수 있는 발판을 만들어 롱런할 수 있다.

기업에서 근로소득자로 생활하는 동안은 대개의 사람이 주어진 업무를 처리하는 것에 익숙해지고 급여는 당연히 늘 받는 것으로 느낄 수 있다. 누구나 일을 더 발전시키고 수입을 늘릴 수 있는 잠재력이 있지만, 조직에 의해 100% 발휘하지 못하거나 발휘하지 않아도 되는 상황도 생긴다. 잠재력을 온전히 발휘해본 경험이 적은 사람들은 위기가 왔을 때 자기가 어디까지 극복해낼 수 있는지 확신을 갖지 못하고 불안감이 클 수 있다. 하지만 성과급 시스템에서 일하는 것은 스스로 항상 일을 찾게 하고 경제활동의 어려움을 알게 한다. 또한, 자기 스스로 수익을 창출해내는 뿌듯한 경험을 해볼 수 있다. 위기가 없는 평상시에도 일과 수익을 연결하는 일이 습관처럼 되기 때문에 위기 상황에서 의연하게 대처하고 생존하는 능력은 전자의 경우보다 앞설 수 있다.

스스로 부를 창출하는 능력은 누구에게나 있고 얼마만큼의 능력이 있는지를 잘 알지 못할 뿐이다. 따라서 나이가 어리더라도 이런 경험을 하는 것이 장기적으로 볼 때 더 긍정적이라 생각한다. 사회경험이 없는 청년 구직자들도 바로 서치펌 입사를 해보는 것이 좋은 진로 모색이 될 수 있다.

HEADHUNTER

청년실업과 헤드헌터

멘토 갈현수 (세계은행 컨설턴트)

취업이 시대의 화두가 되는 지금, 특히 청년실업 문제는 심각하다. 정부의 공식적인 청년실업률은 10% 내외이지만 취업포기자 등 공식적인 통계에 잡히지 않는 수치를 생각하면 실제 청년실업률은 이보다 훨씬 높을 것으로 추정된다. 정부와 사회가 함께 해결책을 모색하고 있으나 근본적인 해법은 잘 보이지 않는다. 따라서 사회적 노력과는 별개로 청년들의 개별적인 노력 또한 절실한 시점이다.

많은 청년 구직자들을 만나 본 경험을 되돌아보면, 일부 청년들은 직접 창업에 나서기도 하고, 일본 및 북미 등지로 구직의 범위를 넓혀 보기도 한다. 하지만 대부분 막연하게 접근하는 경우가 많다. 자신의 교육, 경험, 포부를 구체적으로 원하는 일과 연계시키려는 노력이 필요하다. 취업이 쉽지 않은 시대일수록 취업 그 자체가 목표가 아니라 본인이 오래도록 할 수 있는 직업을 찾는 일이 중요해질 것이기에 더욱 그러하다.

취업의 어려움과 고민을 한발 앞서 경험한 저자가 헤드헌터의 세계에 안착한 경험은 청년들이 주목할 만하다. 전문적인 또는 다양한 직업 경험이 필수적일 것으로 생각하기 쉬운 헤드헌터도 아직은 취업경험이 짧은 청년들에게도 열려 있다는 사실이 반갑기 그지없다. 헤드헌터에 요구되는 역량과 적성 그리고 헤드헌터라는 직업의 보람과 기여 등에 대해 구체적으로 알게 된다면 이 직업에 도전하는 데 길잡이가 되어 줄 것이다.

요즘은 구직자의 욕구도, 기업들의 요구도 다양해지고 있어 취업현장의 미스매치Mismatch도 커지는 상황이다. 헤드헌터는 이러한 간극을 메우는 역할을 수행하므로 헤드헌터의 일상을 이해하는 일은 헤드헌터의 효율적 활용이라는 측면에서도 도움이 될 것이다.

저자의 축적된 경험을 활용해 청년들이 실재 취업현장에서 도움을 받을 수 있길 바란다. 헤드헌터의 효율적 활용과 효과적인 취업준비 등에 관한 경험은 취업에 어려움을 겪고 있는 청년 독자에게 유용한 정보 제공과 더불어 동기부여 역할을 할 것이다.

여성 헤드헌터에게 주어진 장점 vs. 남성 헤드헌터가 겪는 고민

HEADHUNTER

〈한국 '유리천장' OECD 국가 중 가장 단단해〉

〈남녀 임금 격차 OECD 국가 중 '꼴찌'〉

〈기혼여성 10명 중 4명, 경력단절 경험〉

이는 우리가 쉽게 볼 수 있는 일간지 헤드 카피이다. 소위 말하는 경단녀(경력단절 여성)가 급증하고 있기도 하다. 헤드헌팅 업계에는 기사에서 말하는 직장 내 성차별이 없고 능력만큼 수익을 가져갈 수 있으며 경력유지에 대한 위협이 적다.

지금부터 한 워킹맘을 만난 이야기를 하겠다. 요새 맞벌이이면서 유치원생이나 초등학생 자녀를 둔 어머니들 중에는 아이를 친정이나 시댁, 육아도우미에게 맡기는 경우가 많다. 직장을 계속 다니기 위한 선택일 것이다. 이분들의 선택도 존중하지만 직업을 바꾸면서 아이와의 시간을 늘린 분을 알게 되었다.

역량 있는 마케터로서 부장급까지 진급했고 베이비시터에게 아이를 맡기면서 사회생활을 해온 분이었다. 잦은 야근과 회식에 밤 열두 시, 한 시에 들어갈 때도 잦았고 가족을 돌볼 틈이 없었다. 그러던 중 문득 엄마 역할에 대해서 돌아보게 됐고 우선순위를 조정하게 됐다. 헤드헌터라는 직업을 가지면 엄마 역할과 사회생활의 균형을 맞출 수 있겠다는 생각이 들었다는 것이다.

직업을 바꾼 용기, 엄마로서 헌신하는 모습과 가정에서의 자신의 역할에 충실한 모습이 감동적이기까지 했다. 그분은 아침에 아이를 유치원에 데려다주고 출근하며 오후에 아이가 돌아올 3시쯤에 퇴근하여 저녁식사는 항상 가족과 함께 한다. 주어진 업무시간에 집중하며 일과 가정에서의 역할을 제대로 하고자 했다. 헤드헌팅을 하면서 행복을 찾은 그분의 만족감이 나까지 기분 좋게 해주었다.

사실 워킹맘뿐만 아니라 독신 여성에게도 헤드헌터라는 직업이 주는 매력은 많다. 그들은 쓸 수 있는 시간과 활동에 제약이 적다. 그래서 채용 성사 후 홀가분하게 해외여행을 다녀오는 이들도 있다. 고액연봉 수령자의 헤드헌팅에 성공하면 그만큼 고액의 수익이 발생하기 때문에 가능한 일이다.

특정 성별에 좋은 직업이라고 얘기하는 것이 조심스럽긴 하다. 하지만 일과 가정생활의 만족도를 모두 높이려는 여성들, 자유롭고 멋진 싱글라이프를 꿈꾸는 이들, 당당한 커리어우먼으로 살아가려는 이들에게 적극 추천하고 싶다.

한편 성과급제 서치펌에 있으면 중년 남성 입문자를 많이 보게 된다. 그분들 중에는 규모가 큰 조직에서 벗어나 좀 더 의미를 찾을 수 있는 직업으로의 전환을 꿈꾸게 된 이들도 있고, 경기침체와 퇴직에 대한 불안감, 구조조정의 여파로 개인사업을 생각하게 된 분들이 있다. 이렇게 입문한 중년남성 헤드헌터들은 뜻밖에 원하던 성과를 내지 못하고 중도 하차율이 높다. 시작할 때는 큰 자본을 들이지 않고 할 수 있는 사업으로 헤드헌팅을 생각한다. 그동안 구축해놓은 지식과 경험, 네트워크로 이 일을 잘해내리라 전망한다. 본인을 도와줄 만한 모든 인맥에 연락해보고 영업과 인재확보에도 열정적으로 임한다.

하지만 경제적으로 가족을 부양할 의무에서 벗어나기 어렵고 수입이 발생하지 않는 시간을 투자할 여력이 상대적으로 부족하기에 단기간에 원하는 만큼 소득이 없으면 심리적으로 어려움을 겪고 만다.

헤드헌팅은 장기전이다. 입문한지 얼마 안 되어 채용에 성공하고 크게 매출을 냈다 하더라도 꾸준함이 뒷받침될 때까지 시간이 걸릴 수 있다. 기존의 자원으로는 한계에 부딪혀 새로운 지식, 경험, 네트워크를 쌓아야 하기 때문이다.

'꾸준히 성사시키는 능력'은 오랫동안 고민하고 새로운 시도를 더 하고 개선하는 사이에 찾아오는 대신에, 한번 찾아오면 지속하는 특징이 있으므로 티핑포인트에 이르기까지 기다릴 수 있는 인내심이 필요하다.

필자는 지인들이 헤드헌터 입문을 생각할 때 '장기적인 관점에서 헤드헌터로 성공할 의지와 환경이 갖춰져 있는가?'를 생각해보라고 권한다. '자유롭고 고부가가치인 직업', '큰 자본 없이 성공을 꿈꿔볼 만한 사업'으로 알려져 있으나 이것은 절대적으로 노력하고 인내하는 사람만이 얻을 수 있는 헤드헌팅의 단면이다.

헤드헌터를 제대로 알고 시작해야 이 일이 행복하다. 업계에 뛰어들 때 살아남을 각오가 있어야 한다. 장기전에서 살아남는다면 이 직업은 당신에게 어떤 열매보다 달콤한 열매를 가져다줄 것이고, 성공한 헤드헌터의 모습은 가히 동경할 만하다.

구직자가 기대할 수 있는 헤드헌터의 역할

HEADHUNTER

헤드헌팅을 하다 보면 몇몇 구직자들이 커리어컨설팅을 요청한다. 그런데 헤드헌터는 구인 기업이 고객으로 기업이 적합한 인재를 잘 채용할 수 있도록 컨설팅하는 사람이다. 커리어컨설팅을 하는 사람은 '커리어 컨설턴트'라는 직함을 사용하고 있으며 그들이 구직자가 경력 방향과 직장을 잘 찾을 수 있도록 컨설팅한다(커리어컨설팅과 헤드헌팅의 차이는 프롤로그에서 설명하였다).

필자는 '상대에게 필요한 전문적 지식을 바탕으로 도와줄 수 있는가'를 먼저 생각하고 그 기준을 충족한다고 스스로 판단이 서는 경우에만 시간을 마련한다. 커리어컨설팅은 상대방의 커리어에 책임을

질 수 있는 사람이 해야 하기 때문이다.

커리어컨설팅을 같이 하는 헤드헌터를 만난 경우가 아니라면 모든 구직자에 대하여 헤드헌터가 직장을 찾아주고 경력을 조언해줄 수 있는 것이 아니다. 헤드헌터는 본인의 전문분야에 해당하는 인재이거나, 고객으로 두고 있는 기업에 적합한 인재일 때 도움을 줄 수 있다. 확실한 것은 이직을 염두에 둘 때 어떻게 경력을 관리해야 하는지, 그리고 지원할 때는 어떻게 이력서를 써야 하고 면접을 봐야하는지 등 전문적인 도움과 실질적인 정보를 제공해줄 것이다. 그들은 기업이 어떤 사람을 채용하는지 전체 과정을 다 지켜본다.

구직자 입장에서 자기의 개인정보와 경력사항이 담긴 이력서를 다른 사람과 공유하기는 쉽지 않은 일이다. 그것은 필자도 마찬가지로 겪는 어려움이다. 하지만 경쟁은 심하고, 필요한 정보는 어디서 찾아야할지 모르겠고, 주위 사람들은 직장을 잘 구하는 것 같은데 나는 어려워 보이는 상황을 타파하기 위해서는 누군가의 도움을 받아야 할 때도 있다. 그리고 이력서를 자기만 보유한 채 혼자서 직장을 알아보는 것은 시간이 많이 든다.

이직하는 이들 중에는 경력직 채용공고를 보고 직접 지원하거나, 관심 있는 기업에 직접 문을 두드려 성공하는 사람도 있지만 타인의 도움을 받는 이들도 많다. 다수의 우수한 경력자들이 규모가 크고 업력이 오래된 구인 · 구직 사이트에 이력서를 올림으로써 이직의 가능성을 높이기도 한다. 온라인 커뮤니티와 SNS에도 자신의 이력과 경력을 노출함으로써 이직 준비를 시작하고, 그럼으로써 도움의 손길을 내미는 헤드헌터와 만나는 가능성을 높인다.

신상과 경험이 담긴 정보는 소중하기에 보안의식을 가져야 한다. 그러지 않으면 본인이 공개하거나 전달을 허용한 이력서의 내용들이 어디서 어떻게 이용될지 모르기 때문이다. 이러한 측면에서 볼 때, 직접 헤드헌터와 만나서 신뢰를 형성하고, 그들이 제공하는 장점과 차별성을 체험할 수 있다면 좋을 것이다.

직접 구직활동을 할 때보다 헤드헌터를 이용하면 좋은 점

입사자 박상준 ((주)인터파크 쇼핑 스포츠레저팀 팀장)

졸업 동기들 중 바로 취업을 한 사람은 40명 정도였다. 그중 10명은 처음 그 직장에서 계속 근무 중이고 15명은 샐러리맨 생활을 벗어났으며 나머지 나를 포함한 15명은 한 번 이상의 이직을 통해 다양한 업종에 종사하고 있다. 적어도 그 15명 대개가 호소하는 구직 시의 어려운 점은 적절한 시기에 만족할 만한 보상을 제공하면서 자신의 경력과 연령에 적합한 직급의 자리가 없다는 것이다.

사실, 없다기보다는 찾기 어렵다는 말이 더 적절할지도 모르겠다. 경제 관련 과목 강의 중 노동시장 부분을 설명할 때 정보의 비대칭 문제가 언급되었던 기억이 있다. 사용자와 구직자의 매끄럽지 못한 매칭이 잦은 이직과 실직 상태를 기대보다 길게 유지하게 되는 이유 중 하나인데, 양자 간의 부족한 정보 공유가 그 원인이 될 수 있다고 했었다. 내가 경험해 온 일반적인 구직의 절차는 사회생활의 시작은 졸업 시즌에 맞춰 대규모로 이루어지는 공채를 통해서, 이후에는 평소 관심 있던 기업의 홈페이지에 올라오는 경력직 채용 공고나 채용 포털에 포스팅되는 구인정보를 참고하는 것이다.

이 과정에서도 품을 들여가며 찾아낸 기업들의 구인 정보가 내가 원하는 자리, 적어도 현재 나의 경험과 역량에 맞는 것인지를 판단하기란 여간 어려운 일이 아니다. 이 와중에 두 번의 이직을 비교적 매끄럽게 할 수 있었으니 운이 좋은 편이었다. 여기에 헤드헌팅 서비스의 효용이 십분 활용되었다는 점을 말하고 싶다.

'운도 준비된 사람에게 찾아온다.'는 격언이 있는데, 구직에서는 헤드헌팅 서비스에 대한 이해가 그 준비의 시작이 되었다. 그 이해를 기반으로 한 내가 생각하는 구직 시 헤드헌터의 가장 큰 역할은 '균형 잡힌 관점의 제공'이다. 일반적으로 간과하기 쉬운 점이 직업시장에서 구직자의 자기표현은 사용자가 원하는 요건에 맞추어 집중되어야 한다는 것이다.

'나를 제일 잘 알고 있는 사람이 나'라는 점은 의심의 여지가 없는 사실이지만, 지금 원하는 그 자리에 과연 충분히 적합한 지를 말하고 있는가 하는 점은 전혀 다른 차원의 문제이다. 따라서 여기서 양자의 조건과 상태를 잘 파악하고 있는 전문가의 조언이 결과의 방향을 결정짓는 중요한 요소로 작용한다.

헤드헌터들과의 좋은 관계가 지속할 수 있기를 기대한다. 살아가면서 때때로 변호사나 의사의 조언이 필요하듯이, 내 경력의 현재와 미래를 담고 있는 직업과 관련된 조언과 의견을 나눌 전문가가 필요하기 때문이다. 그리고 그런 전문가가 선배, 친구, 동생처럼 편안한 상담이 가능한 관계라면 더 좋을 것이다.

인사팀과 헤드헌터, 상호간에 필요한 포지셔닝

HEADHUNTER

기업의 인사팀은 헤드헌터를 선정할 때 기준이 있다. 보통 '전문 업종이 무엇인지'를 물어봄으로써 헤드헌터가 자신의 기업과 맞을지 안 맞을지 가늠한다. 특정 업종에서 채용을 성사한 경력이 많은 헤드헌터는 구축해놓은 데이터 베이스의 양이 풍부하고 그 업종에서 발생하는 직무와 포지션의 특성들을 더욱 잘 이해한다. 그리고 본인이 다녔던 전 직장의 업종을 전문화하는 경우가 많기 때문에 산업에 대한 지식을 갖추고 있다. 동종업계 상황 파악이 되어 있어서 경쟁사 인력이 필요할 때 일을 맡기기에도 수월하다.

이 기준에 해당하는 유리한 조건이 없을 때 헤드헌터를 시작하면서 인사팀에게 어떻게 포지셔닝할지 고민을 많이 했다. 필자는 '고객사의 사내 리크루터'와 같은 자세로 다가가고 있다. 사내 리크루터는 자기가 속한 기업의 홍보를 맡는 것이기도 하다. 외부 시장에 있는 양질의 인력을 확보하기 위해서 해당 인력이 있을만한 기업에 대해 연구하고 자신의 기업을 잘 파악해야 한다. 설득 포인트를 찾아내고 기업을 객관적이면서도 비전 있게 제시할 수 있어야 한다. 그리고 채용해야 할 인력이 있는 곳을 적극적으로 찾아가야 한다. 고객사의 리크루터라고 생각하면 책임감이 더해지고 인사담당자와도 친근해진다.

어느 날 딱히 논의할 것이 없는데 고객사 인사팀에게서 전화가 온 적이 있다. 수화기 너머 인사담당자가 전달한 것은 다름 아닌 "놀러오세요."라는 말이었다. 추천을 잘해줘서 채용 책임자인 임원과 이야기 나눌 수 있는 시간을 마련했다고 했다. 그 얘기를 듣는 순간 정말 기분이 좋았다. 생각지도 못하게 임원과의 미팅을 제안받은 것이다.

초대 당일 임원이 직접 전화로 일정을 확인해주었고 한번 나를 만나고 싶었다고 했다. 그렇게 사무실을 방문해서 임원분과 만났고 그분은 필자가 입사시킨 특정인 몇몇을 언급하며 "정말 괜찮은 후배에요. 그런 사람을 오게 해줘서 참 기쁘네요."라면서, 앞으로도 비슷한 인재를 추천해주면 더할 나위 없이 행복할 것 같다는 이야기를 전했다. 거래처의 리크루터처럼 힘쓰고 있던 필자의 노력이 잘 전달되었음이 입증된 것이어서 뿌듯했다.

기업들이 헤드헌팅 서비스를 이용할 때는 시간과 경비절약, 보안유지, 최적임자 선발을 기대한다. HR 부서는 채용 외에도 평가보상, 교육, 조직 및 노사 관리 등을 수행하는데 헤드헌터를 채용에 들어가는 비용을 줄일 수 있는 아웃소싱 전략으로 활용하고 있다. 기업이 구인의뢰를 할 때 무엇을 기대할지 역지사지의 마음으로 생각해보면 상대편에게 최적의 포지셔닝을 할 수 있을 것이다.

기업의 인사팀은 헤드헌터가 보유하고 있는 인맥이나 배경을 기준으로 헤드헌터를 추천받거나 선택할 수 있으나 비즈니스 파트너를 만드는 일은 직접 해야 한다. 어떤 헤드헌터를 만났을 때 '이 사람이 사내 리크루터처럼 활동해줄 수 있을까?'라는 기준을 비춰볼 수 있다.

역으로 인사팀도 헤드헌터에게 인재추천을 의뢰할 때 어떤 인재를 원하는지 상세하게 알려주어서 헤드헌터가 시간 낭비 없이 적합한 후보자를 찾을 수 있게 협력해야 한다. 채용할 사람에 대하여 계획하고 있는 연봉이나 처우 수준도 바르게 알려주어야 한다. 의뢰를 맡긴 다음에 채용계획이나 후보자에 대한 요구사항이 변경되었다면 바뀌자마자 알려주어야 헤드헌터가 협조하기 좋다.

헤드헌터는 하나의 고객사만 응대하는 것이 아니므로 함께 일하기 좋은 기업의 채용의뢰를 우선으로 챙기게 된다. 예를 들어, 유형 A의 기업(채용과 관련하여 기업 내에서 논의되는 사항을 수시로 업데이트 해준다)과 유형 B의 기업(채용의뢰를 전달한 후에 계획 변경이 잦으며 전달이 느리다)이 있다고 하자. 헤드헌터 입장에서는 A유형에 정말 감사하고 더 잘 찾아줄 수 있기 때문에 우선순위에서 앞에 놓게 된다.

B기업과 같은 거래처가 있던 적이 있었는데 경력 5년의 대리급을 원한다고 하여 추천한 적이 있었다. 요구사항에 알맞은 후보자를 보냈고 인터뷰 후 합격통보를 받게 됐다. 그런데 연봉협상 과정에서 갑자기 입사할 사람은 막내 역할이 좋을 것 같다며 사원급으로 조정해서 채용했으면 좋겠다며 연봉도 의뢰했을 때 말했던 수준보다 낮추려고 하였다.

A 유형의 기업에서도 비슷한 상황은 발생했던 적이 있는데 적어도 추천한 후보자의 인터뷰를 보기 전에 변경된 희망 사항을 알려주면서 재조정된 상황에 맞게 다른 인재를 찾아줄 것에 대한 양해를 구하였다.

필자는 새로운 것을 학습하는 능력과 책임감이 강한 헤드헌터로서 어떤 기업과 인연이 되더라도 늘 좋은 사내 리크루터가 되어주기 위해 노력한다. 인사팀과 헤드헌터 사이는 채용의 솔루션을 함께 고민하는 멋진 파트너 관계이길 바란다.

후보자가 신뢰하는 헤드헌터의 모습

HEADHUNTER

헤드헌팅은 하는 일이 '경력직' 인재추천이기 때문에 대졸 신입으로 헤드헌터를 시작하면 나이가 자기보다 많은 이들을 만나게 된다. 그렇다고 해서 이를 부담으로 느낄 필요는 없다. 실제로 경험해보니 헤드헌팅을 잘하기 위해 연륜이 차지하는 비중은 생각보다 크지 않다.

면접을 보고 탈락했는데도 그중에 몇몇은 그동안 전형과정에서 서로 애쓰지 않았냐며 차 한 잔, 밥 한 끼 하자며 만나게 됐다. 구인 · 구직이라는 공통의 관심사가 있어서 대화를 나누기는 어색하지가 않았고 식사와 함께 서로의 일상에 대해 얘기하면서 긍정적인 에너지를 채우는 시간을 보냈다.

헤드헌팅에 성공한 분들은 시간이 흘러서도 덕분에 잘 다니고 있다고 연락하면서 지인을 좋은 기업에 추천해달라고 소개해주기도 했다. 단순히 비즈니스 목적으로 스쳐 지나갈 수 있는 인연에서 조금 더 가까워진 후보자들에게 공통으로 들은 말이 있다.

'헤드헌터를 많이 만나봤는데 정말 잘 챙겨준다', '진정성 있게 사람을 대한다', '하는 일을 사랑하고 열정을 가진 게 느껴진다'이다. 그리고 나이가 어려서 일이 어렵지는 않냐고 물어보기도 했다. 거기에 덧붙이기를, 본인들은 커리어를 스스로 고민하고 선택할 줄 아는 위치이기 때문에 커리어컨설팅을 해주겠다는 헤드헌터까지는 필요 없고, 오히려 나이 많은 헤드헌터 중에는 자신들의 경험에 근거하여 이것저것 가르치려고 하는 이들이 부담스럽다고 했다. 그러면서 필자가 헤드헌팅 역할을 잘하고 있으며 앞으로도 잘할 것 같다고 용기를 주기도 했다.

한 후보자에게 A라는 기업을 제안한 적이 있다. 그런데 A기업은 여러 헤드헌팅 회사를 쓰고 있었고 그 후보자는 이미 다른 헤드헌터로부터 A기업 포지션 제안을 받아서 지원의사를 밝힌 상태였다. 그런데 통화를 마칠 무렵, 다른 헤드헌터한테 지원을 철회해달라고 할 테니 진행해달라고 했다. 필자에게 더 신뢰가 가고 마음에 든다고 하면서 그 헤드헌터가 후보자에게 경력에 비해 나이가 많다며 기분을 언짢게 했다고 덧붙였다.

헤드헌터는 기업에 대한 정보와 채용 전체 프로세스에서 합격확률을 높이기 위한 팁Tip을 후보자에게 전달한다. 그것을 정확하게 파악해서 제공하는 것이 역할의 본질이지만 그 역할을 넘어 훈계와 코칭을 시도하는 사람들이 꽤 있다.

하나의 예로, 명문대 출신의 약사 B씨는 헤드헌터의 러브콜이 많다. 그런데 B씨는 헤드헌터의 연락을 마치 스펨 메일처럼 성가신 것으로 느낀다. "이대로 있으면 안 된다, 대학원을 가야 몸값이 뛴다, 빨리 움직여라(이직해라)."와 같은 말을 너무 많이 듣기 때문이라 했다.

헤드헌터의 타깃은 경력직 '성인'이고 자기계발을 스스로 잘하는 사람들이 많으므로 커리어컨설팅을 해주는 선한 의도라고 해도 조언할 때는 주의를 기울여야 한다. 또한, 헤드헌팅은 기업에게 서비스를 제공하는 것에 초점을 두고 있지만, 후보자의 비전이 기업의 비전과 일치하는 사람을 찾아 추천하면 후보자도 기업도 모두 만족하는 합격 사례를 만들 수 있다.

프로페셔널한 헤드헌터는 산업현장에서의 경험이나 업계지식이 많다고 드러내기보다 기업이 최적의 인재를 채용할 때까지 자기 일처럼 돕는 고객 지향적이고 결과 지향적인 태도가 강한 사람이다. 후자의 헤드헌터는 최적의 인재를 찾기 위해 산업현장과 업계에 대한 조사를 반드시 선행하며 겸손한 자세로 기업과 후보자의 신의를 얻는다는 사실을 명심해야 한다.

HEADHUNTER

PART 02

구직자와 헤드헌터가 함께 알아야 할 헤드헌팅 프로세스 A to Z

기업이 제품이나 서비스를 생산하고 제공함으로써 수익을 창출하고 사회에 기여한다면 헤드헌팅은 특정 기업의 제품이나 서비스를 가장 잘 만들어내고 가치를 높일 수 있는 사람을 찾아내서 공급하는 것이다. 따라서 그 인력의 성장과 기업의 성장을 함께 이끌어낼 수 있기 때문에 사회에 선순환을 가져다준다.

다양성과 역동성이 따르는 헤드헌터의 일과

HEADHUNTER

헤드헌터가 매일 반복적으로 하는 업무는 '이력서 접수와 확인, 후보자 서칭, 인터뷰 · 미팅 일정관리'이다(성과급제 서치펌에서 선택사항인 '회의'와 '보고'는 생략하기로 한다). 구인의뢰를 받은 후 서칭과 후보자 컨택에 착수한 다음 날부터의 모습은 다음과 같다.

먼저 출근해서 메일을 확인하면서 후보자나 거래처로부터 도착한 문의에 응대한다. 접수된 이력서를 확인하면서 추천할 포지션에 적합한 후보자인지 검토한다. 이력과 경력에 관해 확인이 필요한 부분을 전화해서 물어본다. 후보자의 인성과 자격충족 여부를 파악함과 동시에, 포지션에 적합한 후보자인데 이력서에서 표현되지 않은 부분은 없었는지를 점검한다. 사전인터뷰[1]를 잡거나 이력서 보완을 요청한다. 사전 인터뷰를 통과한 사람은 고객사에 추천한다.

다음으로 잡포털이나 회사DB에 새로 올라온 구직자 이력서를 열람한다. 알맞은 후보자를 검색하고 포지션을 제안한다. 후보자가 있을만한 커뮤니티에 공고를 게시하거나 업데이트한다. 기타 방법으로 서칭을 확장해서 시도하고 지속한다. 또한, 약속된 후보자와의 사전 인터뷰, 혹은 고객 기업과의 미팅에 참여한다. 기업에서 후보자를 인터뷰하기로 한 날이면, 후보자가 면접 장소에 일정대로 잘 방문하는지 확인한다. 면접이 끝나고 후보자와의 통화를 통해 인터뷰 진행이 어떻게 되었는지 파악해둔다.

가. 헤드헌터는 무슨 일을 어디서 하는가?

헤드헌팅Head-Hunting은 말 그대로 고객사가 요구하는 인재를 찾아주는 일이다. 지금은 기업의 헤드Head급뿐만 아니라 중간관리자와 주니어 포지션까지 찾아주는 일을 포함하지만, 이 직업이 등장하기 시작했을 땐 기업의 수장이나 고위급 인력을 추천해줬기 때문에 헤드Head와 헌팅Hunting이라는 단어가 결합했다.

헤드헌터가 다니는 직장은 서치펌Search-Firm이라고 하는데, 보통 고

---

1) 후보자를 기업에 추천하기 전에 후보자가 거래처에 적합한 사람인지 확인하는 절차이다. 경력과 인성, 이직동기 등을 파악한다. 기업에서 면접을 진행하게 될 시에 참고할 만한 정보와 조언을 미리 주기도 한다.

정급은 받지 않고 매출의 70%를 가져가도록 성과급제를 선택한 곳이 많다.

또 다른 형태로는 정규직 형태로 채용해서 기본급을 주는 서치펌도 있다. 성과급제 서치펌에 입사하게 되면 조직구조는 사장 아래 사원이 된다. 각자 직급은 있으나 사회경력이나 연배에 따라 붙여지는 편이며 개별적으로 일하기에 수평적인 문화이다. 개개인이 사업소득자로 분류된다.

나. 헤드헌터는 누구와 언제 어떻게 일하는가?

헤드헌터는 고객사와 일한다. 고객사의 구인의뢰를 받는 것으로부터 일이 시작되며 구인의뢰를 받고 나면 그것에 적합한 인재를 물색하고 추천해서 개인의 이익뿐 아니라 회사의 이익까지 도모한다는 목표를 설정한 것이다. 따라서 자율적으로 일하다가 성과를 내기만하면 되는 배경이 조성된다. 구인의뢰는 서치펌을 통해서 들어와 헤드헌터에게 배당될 수도 있지만, 그런 경우보다는 헤드헌터가 직접 나서서 자신에게 인력추천을 믿고 맡길 클라이언트를 발굴해야 한다.

다. 헤드헌터 업무의 프로세스는 어떻게 되는가?

업무프로세스는 다음과 같다. 구인의뢰 수주(거래처 개발, 기업의 인사팀과 컨텍) ⇨ 채용포지션 분석(오픈 배경, 직무, 인재상, 요구하는 경력의 수준, 제시할 수 있는 연봉수준, 조직문화 등) ⇨ 후보자 서칭(잡포털, 개인네트워크, 타깃서치, 동료 간 코웍 등 이용) ⇨ 후보자 추천 (이력서 취합 및 추천사유 제출) ⇨ 인터뷰 일정조율과 진행 ⇨ (요청 시 또는 합격 시) 연봉협상 및 레퍼런스 체크 (후보자 과거경력 및 평판조회) ⇨ 채용 (오퍼레터/계약서 서명) ⇨ 입사확인 및 인보이스[2] 및 세금계산서 발행이다.

라. 헤드헌터 업의 의미는?

기업이 제품이나 서비스를 생산하고 제공함으로써 수익을 창출하고 사회에 기여한다면 헤드헌팅은 특정 기업의 제품이나 서비스를 가장 잘 만들어내고 가치를 높일 수 있는 사람을 찾아내서 공급하는 것이다. 따라서 그 인력의 성장과 기업의 성장을 함께 이끌어낼 수 있기 때문에 사회에 선순환을 가져다준다.

매일 하는 일은 반복적이기에 어쩌면 단순하게 여겨질지도 모른다. 하지만 서로 다른 기업의 채용 건을 동시에 여러 개 진행해야 하고(멀티태스킹), 똑같은 포지션을 제안한다고 해도 각기 다른 성격과 경력을 가진 후보자들을 대하므로 통화 시의 멘트나 태도도 각각 달리할

---

2) invoice(세금계산서)는 대금청구서의 역할을 하면서 과세가격의 증명자료가 된다. 헤드헌팅서비스에 대한 주요사항을 표기하고, 채용컨설팅 수수료의 인도 및 지급조건 등을 명시한다.

수밖에 없으며 설득 포인트에 변화를 주어야 한다. 후보자의 반응은 예측할 수 없으며 생각지 못한 반응에 대응해야 할 때도 있다. 설득에 성공하고 진행이 잘될 때도 있지만, 설득과 진행에 어려움이나 차질이 생기기도 한다. 따라서 매일 똑같은 업무를 하는데도 업무 하나하나의 성과와 그것에 따라오는 헤드헌터의 심정은 큰 폭으로 움직인다.

보통의 다른 직무들은 일과를 따를 때 발생할 수 있는 문제들이나 일의 결과가 대략 정해져 있다. 하지만 헤드헌팅의 경우에는 일과를 따를 때 발생하는 결과의 스펙트럼이 매우 넓다. 단순한 일과 속에 묻어나는 다양성과 역동성이 헤드헌팅의 특징이다.

헤드헌터의 핵심 역량, 직무분석

HEADHUNTER

기업은 경력직 채용에서 특정 직무를 가장 잘해낼 수 있는 전문가를 선호한다. 신입에게 교육훈련의 비용을 들인다 하더라도 경력직에 대해서는 채용했을 때 당장 성과 내기를 기대하기 때문이다. 따라서 헤드헌터는 그 특정한 직무를 해내기에 가장 적합한 인재를 찾아야 하기에 직무를 분석하는 능력이 매우 중요할 수밖에 없다.

신입 헤드헌터 시절, 직무분석 훈련에 많은 노력을 기울였다. 선배 헤드헌터로부터 지시받은 의뢰 건에 대하여 후보자를 서칭하고 추천, 관리하는 '리서처' 업무에 집중했다. 일주일 동안 찾은 포지션의 수가 8~10개, 한 달에는 총 30~40개에 이르렀는데, 30~40개의 포지션 중 동일한 직무(직업과 유사한 개념으로 이해할 수 있다)가 별로 없었다는 것을 생각하면 한 달에 최소 15~20개의 직무를 새로 학습했다.

구인의뢰 기업에서 공유해준 직무기술서를 분석하고 이직을 원하는 사람들이 올린 수많은 이력서를 읽으며 그 직무를 해본 사람을 찾아서 컨택하고 포지션을 권유했다. 디자이너 후보자의 경우 포트폴리오도 같이 요청하여 검토했다. 상경 계열이나 공학 계열 직군의 후보자를 찾을 때는 접하게 되는 용어들이 낯설었지만 하나하나씩 호기심을 충족하며 다양한 직업의 세계를 알아갔다. '직무분석'이 정말 중요하다는 것을 깨닫게 되었으며, 누군가가 헤드헌터로서 필요한 자질이 뭐냐고 물어보면 꼭 포함해서 알려주는 기술이 되었다.

직무분석 능력이 가장 빛을 발한 사례는 수입차 업체 채용 건을 들고 싶다. 추천한 인재의 전 직장이 자동차업계와 거리가 먼 '주류업체'였음에도 불구하고 직무의 연관성을 잘 간파해내어 설득하고 소신 있게 추천한 사례가 성사되었기 때문이다.

다음 페이지 **그림**의 채용 건을 의뢰받았을 때 가장 먼저 파악한 것은 자동차 업계에서 말하는 네트워크Network, Dealership의 정의였다. 자동차 업체에서 딜러십은 판매장을 말하는 것을 알게 됐고 삼성동에 늘어서 있는 수입차 판매전시장을 떠올릴 수 있었다. 딜러십 현황을 분석하고 운영을 기획하며 딜러들을 관리하면서 신규 딜러십을 개발할 인력을 찾고 있었다.

그림 직무기술서 예시

[업무] Network(Dealership) Analyst [~대리급]

Network Planning &Development

- Network study and expansion strategy setup in short/long term view.
- Implementation of regular scanning methodology of potential open points.
- Analysis of network competition between *** and competitors by implementation of various reports.
- Finding optimized open points for the potential development.
- Clear dealer/outlet selection process and preparation package for new dealer/outlet.

Network Analysis

- Daily monitoring competitor network action and monthly reporting.
- Sales analysis with competitor sales performance compared by location and finding out SWOT in each competing area.
- Analysis of *** and competitors' network facility, sales, employee information.
- Monthly reporting of *** dealer information (profile/investment/performance and etc.).

Dealer Business Planning

- Annual dealer business plan consulting and meeting organization.
- Communication with dealers &internal departments respectively.

잡포털에서 인재를 검색할 때는 1. 키워드를 입력해서 검색하거나 2. 업, 직종을 분류해서 검색하는 방법이 있다. 키워드로는 수입차, 딜러십, 자동차 영업기획, 자동차 영업관리 등을 입력해봤고, 업·직종 분류를 이용할 때에는 업종은 제조-자동차, 직종은 영업기획, 영업전략, 영업관리, 대리점관리 등으로 필터링해서 찾아보았다.

여러 이력서 중 75페이지 그림의 이력서가 눈에 띄었고 하이라이

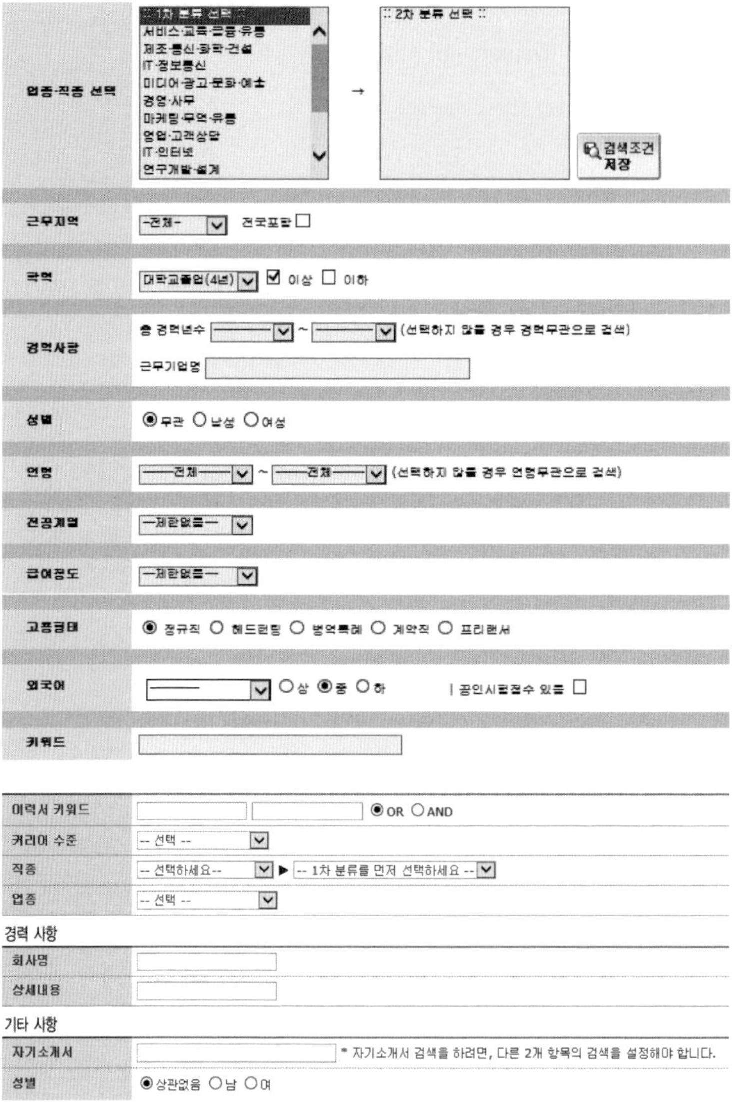

업종·직종 선택	:: 1차 분류 선택 :: 서비스·교육·금융·유통 / 제조·통신·화학·건설 / IT·정보통신 / 미디어·광고·문화·예술 / 경영·사무 / 마케팅·무역·유통 / 영업·고객상담 / IT·인터넷 / 연구개발·설계 → :: 2차 분류 선택 :: 검색조건 저장
근무지역	-전체- 전국포함 ☐
학력	대학교졸업(4년) ☑ 이상 ☐ 이하
경력사항	총 경력년수 ~ (선택하지 않을 경우 경력무관으로 검색) 근무기업명
성별	◉ 무관 ○ 남성 ○ 여성
연령	——전체—— ~ ——전체—— (선택하지 않을 경우 연령무관으로 검색)
전공계열	—제한없음—
급여정도	—제한없음—
고용형태	◉ 정규직 ○ 헤드헌팅 ○ 병역특례 ○ 계약직 ○ 프리랜서
외국어	○ 상 ◉ 중 ○ 하 | 공인시험점수 있음 ☐
키워드	

이력서 키워드	◉ OR ○ AND
커리어 수준	-- 선택 --
직종	-- 선택하세요-- ▶ -- 1차 분류를 먼저 선택하세요 --
업종	-- 선택 --
경력 사항	
회사명	
상세내용	
기타 사항	
자기소개서	* 자기소개서 검색을 하려면, 다른 2개 항목의 검색을 설정해야 합니다.
성별	◉ 상관없음 ○ 남 ○ 여

참고 잡포털 인재검색 화면

검색어	[ ] 검색 ◉ 이력서전체 ○ 경력회사 ○ 아이디 ○ 이력서번호
희망직종	——대 분 류—— 경영·인사·총무·사무 / 재무·회계·경리 / 금융·보험·증권 / 마케팅·광고·홍보·조사 / 무역·영업·판매·매장관리 / 고객상담·TM ——중 분 류—— 선택한 직종(☒취소)
희망지역	지역을 선택하세요 ▼ 지역을 선택하세요 ▼
연봉	연봉선택 ▼ 만원 ~ 연봉선택 ▼ 만원 예시) 회사내규, 월 160만 (20자 이내)
경력	[ ] 년 ~ [ ] 년
상태	☐전체 ☐재학중입니다.(학생) ☐구직활동 중입니다.(신입) ☐구직활동 중입니다.(경력) ☐직장을 옮기고 싶습니다.(재직중) ☐아르바이트를 찾는 중입니다 ☐자영업자입니다. ☐가사·육아 ☐퇴직 상태입니다. ☐취업에 관심 없습니다. ☐함께 일할 사람을 찾습니다. ☐새로운 비즈니스에 도전하고 싶습니다. ☐예전 친구나 동료와 만나고 싶습니다. ☐전문가의 컨설팅을 받고 싶습니다.
희망고용형태	☐전체 ☐정규직 ☐계약직 ☐병역특례 ☐인턴 ☐파견직 ☐프리랜서 ☐위촉직
학력	학력을 선택하세요 ▼ ☐이상
출신대학	지역을 선택하세요 ▼ 지역을 선택하세요 ▼
성별	☐전체 ☐남자 ☐여자
나이	연령(출생연도) ▼ 이상 연령(출생연도) ▼ 이하
외국어	외국어를 선택하세요 ▼ ☐해외 연수 경험 있음
유학	유학국가를 선택하세요 ▼
소지 자격증	[ ] 찾기 내용초기화
이력서 요구사항	☐사진 필수 ☐추천글 받은 인재

출처: 잡코리아, 피플앤잡, 인크루트, 사람인 화면캡처

직종	경영·사무 영업·고객상담 IT·인터넷 디자인 서비스 전문직 의료 생산·제조 건설 유통·무역 미디어 교육 특수계층·공공
업종	서비스업 제조·화학 IT·웹·통신 은행·금융업 미디어·디자인 교육업 의료·제약·복지 판매·유통 건설업 기관·협회
지역	서울 부산 인천 대구 대전 광주 울산 경기 경북 경남 전북 전남 충북 충남 강원 제주 세종
학력	□ 초등학교 □ 중학교 □ 고등학교 □ 대학(2,3년) □ 대학교(4년) □ 대학원(석/박사) □ 해외 대학(교) □ 해외 대학원 / □ 재학 · 휴학 · 수료 중퇴 · 자퇴 제외
경력	□ 신입 □ 경력 □ 임원/간부/CEO 총 경력 년수 선택 ~ 선택
연령	선택 ~ 선택 성별 □ 남자 □ 여자
외국어 해외	□ 영어 ? □ 중국어 ? □ 일본어 ? □ TOEIC점수 보유자 □ 해외연수 경험자 □ 해외근무 경험자
기타	□ 대리급 □ 과장급 □ 팀장급 □ 전화연락 가능 인재 ? □ 이력서 사진 있음
키워드	이력서 제목, 지원분야, 학력, 경력, 보유기술 등에서 키워드 검색

선택초기화

참고 잡포털 인재검색 화면 출처: 잡코리아, 피플앤잡, 인크루트, 사람인 화면캡처

트한 부분이 담당하게 될 직무와 같은 경험이라고 판단했다. 하이라이트하지 않은 부분도 해당 업무를 하는 데 도움이 되고 연관이 될 경험이어서 해당 구직자에게 채용포지션을 소개하고 제안했던 것이 좋은 결과로 이어졌다.

최근에 필자가 관심을 많이 두는 채용트렌드가 있다. 만약 인사, 채용에 관심이 있다면 한 번쯤 들었을지도 모르겠다. 바로 NCS National Competency Standard, '국가 직무능력 표준'에 기반을 둔 채용이다. 산업현장에서 직무를 성공적으로 수행하는 데 필요한 능력을 국가적 차원에서 표준화한 것이다. 한국산업인력공단이 2002년부터 구축을 시작

경력 사항

2010.04 ~ 현재근무중

*****

경영기획 주임 주임
컨설팅 / 사무관리직 기획직

1. 계열사 관리 업무
- 주채무계열(　　은행) 보고 자료 정리 및 보고
- 계열사별 업무/판매/인원 현황 정리 및 보고
- 기타 계열사별 차입금 및 일일자금 취합 보고 외
- 계열사 수익개선 방안 검토 및 비용 절감안 수립
- 기타 특명 사항

2. 신사업 개발 업무
- 신규 드링크 제조 관련 업무 리서치 및 보고
- 에너지 사업 관련 업무 리서치 및 보고
- 저가항공산업 관련 리서치 및 보고
- 플랫폼 사업 관련 리서치 및 보고
- 아웃도어 의류 및 용품 산업 리서치 및 보고
- 외산 픽업트럭 시장 분석 및 보고
- 외산 승용차 시장 분석 및 보고

3. 인사/총무 업무
- 4대보험 업무, 복리후생 업무, 근태관리, 임금 및 퇴직관리, 인원관리

4. 그룹 산업재산권 업무
- 로열티 수수 및 청구

5. 그룹 도메인 관리 업무

6. 예산 편성 및 관리업무
- 2011년 2012년 2013년 예산 편성 및 배정 및 관리

7. 로열티 수수 관련 그룹 광고 집행
- ***** 마케팅팀 코웍(www.daum.net 광고 게재)

8. KPI 보고 및 작성
- 연간 ***** 인원 KPI 취합/작성 및 보고

9. 기타 오너 특명사항

10. 대관업무 - 공정위 관련 업무 (보조)
계열제외신고, 계열편입신고 외

그림 후보자 이력서 예시

한 것으로 꽤 오래되었으나 2013년에 국정과제화가 되었고, 2015년 하반기부터 채용전략으로서 적극적으로 활용하는 곳들이 생겨났다.

필자는 기업에서 직무기술서(JD)를 받을 때마다 각각의 직무가 요구하는 특성들을 알아가고 이런 특성들을 갖춘 사람을 찾는 과정에

한국원자력환경공단				
채용 분야	대외협력			
NCS 분류 체계	대분류	중분류	소분류	세분류
	02. 경영·회계	01. 기획사무	01. 경영기획	01. 경영기획
			02. 홍보·광고	01. 기업홍보
	23. 환경·에너지	01. 산업환경	03. 폐기물관리	02. 폐기물관리
직업 기초 능력	ㅇ 의사소통능력, 대인관계능력, 문제해결능력, 자원관리능력, 정보능력			
기관주요 사업	ㅇ 방사성폐기물의 운반·저장·처리 및 처분 ㅇ 방사성폐기물 관리시설의 부지선정, 건설, 운영 및 폐쇄 후 관리 ㅇ 방사성폐기물 관리를 위한 자료의 수집·조사·분석 및 관리 등			
	능력단위	ㅇ 이해관계자 관리		
	직무수행내용	ㅇ 방사성폐기물 관리시설의 주변지역에 대한 지원·협력		

한국원자력환경공단 직무기술서 예시. 사진=한국원자력환경공단 채용사이트 직무기술서 캡처

참고 NCS기반 채용 직무 설명자료 출처: www.jobnjoy.com

서 마치 그림을 완성하기 위해 퍼즐 조각을 맞춰나가는 것과 같은 흥미를 느꼈다. JD를 연구 개발하는 직업도 적성에 맞을 것 같았고 그때 검색결과로 나온 것이 국가 직무능력 표준이었다.

NCS는 직무를 잘하기 위해 요구되는 능력을 나열했다는 점에서 직무기술서의 항목과 유사하고 이것에 기반을 둔 채용이 보편화 추세에 있다. 삼성그룹이 직무적합성 평가를 도입했고, 공공기관을 선두로 직무 중심의 채용이 강화되고 있다. 공기업 및 대기업이 직무 중심의 채용을 늘리고 있고, 이런 트렌드에 일찍 편승하는 사람 중 일부는 NCS 직업교육지도사 자격증을 취득하고 있다고 하니 관심이 있으면 참고하길 바란다. 과목은 NCS 기반 직무분석, NCS 채용대비 기업분석, NCS 기반 경력지도(자기소개서와 면접지도)로 구성된다.

직무 중심의 채용은 경력직 채용시장에서는 오래전부터 있었다. 기업이 경력직 채용에서 활용했던 방법이지만 최근에는 신입에게도 직무를 잘 수행해낼 것을 바라게 되면서 적용하게 된 것이다. 예전에는 잠재력을 지닌 지원자를 선발하고 교육훈련을 통해 성장하게 하는 전략을 세웠다면, 이제는 직무이해와 창의력을 기본으로 갖추고 있는 인재를 채용해서 위기상황을 같이 헤쳐 나가는 방향으로 전략을 구사하는 것이다.

신입이든, 경력이든 일하기 위해서는 지원 직무에 대한 학습을 선행해야한다. 지원하는 포지션이 요구하는 직무역량을 분석하고 자신에게 그 역량이 있음을 증명하는 경험을 찾아야 한다. 직무 중심의 채용이 강화될수록 직무분석에 전문성을 갖춘 헤드헌터가 도울 수 있는 일도 늘어날 것이다.

헤드헌터의 전투장, 채용포털과 플랫폼

HEADHUNTER

구직자들이 희망취업 업종과 직종을 설정하고 이력서를 올리는 잡포털이 있다. 기업의 인사담당자와 서치펌의 헤드헌터는 이렇게 올라온 이력서들을 살펴볼 수 있다. 대량의 구직자DB를 확보한 사이트는 잡코리아, 사람인, 인크루트가 대표적이고 피플앤잡에는 외국계 기업 근무를 희망하는 인재들의 이력서가 등록되어 있다. 기본적으로 4개의 사이트는 보유하고 있는 인력의 업 · 직종이 특정 산업의 구직자와 구인기업 정보만을 모아둔 플랫폼들도 있다. 패션, 건설, 게임, 제약/의료 분야가 별도의 잡포털이 활성화되어 있는 편이고 직종으로 분류하면 IT개발자와 디자이너들의 구인구직 포털은 따로 있다.

패션스카우트	https://www.fashionscout.co.kr
패션인	http://www.fashionin.com
건설워커-구인,구직	http://www.worker.co.kr
콘잡(건설)-구인,구직	http://www.conjob.co.kr
게임잡	http://www.gamejob.co.kr
바이오잡-의료기,제약	http://www.biojob.co.kr
파마메디잡	http://www.pharmamedijob.co.kr
데브잡(IT)	http://djob.jobkorea.co.kr
디자이너잡	http://www.designerjob.co.kr

참고 주요 업 · 직종 잡사이트

전문적인 채용포털은 아니지만 헤드헌터가 많이 사용하는 플랫폼은 링크드인이다. 링크드인 사용자들은 이력서를 올리진 않아도 정보공유나 비즈니스인맥 형성을 염두에 두고 프로필을 공개해 놓았다. 채용관련 포털과 플랫폼은 계속 성장한다. 특정한 업종이나 직종을 겨냥하여 새로운 구인구직 플랫폼이 만들어지고, 웹에서 모바일로 사용자 환경이 변화하고 있는 시대흐름에 맞춰 모바일 인재추천 플랫폼이 나온다. 스타트업 붐이 일면서 스타트업 구인 · 구직 정보를 취합한 플랫폼도 다수 생겨났다. 기존 플랫폼들의 단점을 보완한 플랫폼도 등장을 예고하고 있다.

헤드헌터와 채용 포털, 플랫폼의 관계는 부동산 중개업자와 직방간의 관계와 비슷하다. 직방서비스는 수요자와 공급자, 중개업자를 더 잘 연결해 중개업자의 영업을 효율화하는 동시에, 경쟁력을 갖추지 못한 기존 부동산 중개업자의 존재 이유와 가치를 약하게 만들 수 있음을 보여준다.

플랫폼은 구직자가 이력을 널리 PR할 수 있는 기능을 돕는 측면이 있지만 구직자 데이터를 모으는 데에 관심을 두는 비즈니스 수익모델 측면이 강한 편이다. 반면에 헤드헌터는 구직자와 대면 커뮤니케이션을 하고 개개인의 잠재력과 가능성을 도출해내어 취업까지 매듭지어줄 수 있는 휴머니즘적인 요소를 같이 갖고 있다.

구직자들은 플랫폼에 이력서를 올리고 헤드헌터의 연락을 기다릴 수도 있지만, 더 나아가 직접 헤드헌터에게 이력에 대한 호감을 주어 교류할 수 있다. 실제로 적극적인 구직자들은 먼저 헤드헌터를 찾아서 이력서를 보낸다.

헤드헌터는 채용포털과 플랫폼의 동향을 살펴보면서 활용하기도 하고 알맞게 대응하는 것이 필요하다. 그럼으로써 헤드헌터는 플랫폼이 할 수 없는 일을 해낼 수 있다.

헤드헌팅의 꽃, 영업과 마케팅

HEADHUNTER

헤드헌팅에서의 영업이란 '기업에서 구인 중인 포지션에 대하여 자신에게 인재추천을 맡겨보라고 제안하는 것'을 말한다. 이 제안을 기업에서 받아들일 때 '구인의뢰를 수주했다', '영업에 성공했다'라고 표현한다. 헤드헌터에 입문해서 가장 쉽게 접근할 수 있는 영업 방법은 온라인 잡포털에 올라오는 기업의 구인공고를 이용하는 것이다.

기업들이 채용공고를 올리는 사이트에는 공고를 게시한 인사담당자의 연락처가 함께 나와 있다. 그 연락처로 전화를 걸거나 메일을 보내어 회사와 제공할 수 있는 헤드헌팅 서비스에 대해 소개하며, 채용 건을 공유하고 인재추천을 받아볼 것을 제안한다.

하지만 수많은 헤드헌터가 이 방법을 사용하기 때문에 기업에서는 일일이 대응해주지 않는 경우가 많다. 설령 연락된다 해도 '타 서치펌을 사용 중입니다', '헤드헌팅을 쓰지 않습니다'라는 답변을 듣게 된다. 따라서 다른 방법도 개척하고 병행해야 한다.

헤드헌터에 입문하고 영업에 어려움을 겪는 사람의 유형은 세 가지가 있다. 첫째는 본인이 영업하고 싶은 곳마다 다른 헤드헌터가 진행하고 있음을 알게 되는 유형, 둘째는 거절당하는 것이 두려워서 영업을 겁내는 유형, 셋째는 어느 곳에 영업해야 하는지 감을 잡지 못하는 유형이다.

첫째 유형이라면 다른 거래처를 발굴하려는 노력을 지속해야 한다. 둘째와 셋째 유형이라면 영업에 대한 인식과 태도를 재정비함으로써 극복할 수 있다. 차별화되지 않은 영업방식으로는 거절당할 확률이 높아지기 마련이고, 신입 헤드헌터의 경우 어떤 기업에서 결과물Success을 만들 수 있을지 해보기 전에는 잘 알 수 없다.

그래서 '산뜻한 영업', '부담 없이 제안하는 것'으로 시작할 필요가 있다. 영업을 거절당하면 본인이 기회를 놓친다기보다 채용 기업이 기회를 잃어버린다는 마인드가 필요하다. 어쩌면 적임자를 채용하기 어려운 포지션에 알맞은 사람을 찾아줄 수 있는 헤드헌터를 놓칠 것은 기업이고 그때 기업의 손해는 자기가 기회를 놓친 아쉬움보다 크다고 생각해보는 것이다.

영업과 마케팅은 신입 헤드헌터일 때만 하는 것이 아니라 경력 헤드헌터가 되어서도 신입 헤드헌터처럼 해야 한다. 선택할 수 있는 것이 많고 상황이 빠르게 변화하는 현대 사회에서는 한번 거래처가 되었다고 해서 그 거래처가 당신의 평생 고객이 되어준다는 보장도 없다. 물론 확보한 거래처에 대해서는 수준 높은 서비스와 고객관리를 통해 평생 고객으로 유치하려는 노력이 중요하지만, 시종일관 신규영업과 마케팅에 대한 적극적이고 긍정적인 태도는 놓지 않는 것이 좋다.

인맥의 기둥이 되는 타깃서치와 핵심인재

HEADHUNTER

일하면서 후보자를 발굴하는 근원이 늘어나야 한다. 어떤 경우 처음에 제안한 후보자는 관심이 없는데 그 사람으로부터 직장동료를 소개받아서 채용되고, 과거에 모아둔 DB를 다시 검토해서 적합한 후보자를 추천하게 되기도 한다. (DB는 각 헤드헌터가 후보자를 기억하기에 편한 방식으로 워드나 엑셀 프로그램 등을 이용하여 인재의 이력과 경력사항을 리스트로 구축해놓는다.)

그리고 '타깃서치'라는 것을 시도할 때가 있다. A기업에서 B, C, D 기업의 인재를 영입하고 싶다는 희망 사항을 표시하면 헤드헌터가 B, C, D업체에 있는 사람들을 알아보고 연락을 취해서 설득하는 과정이다. 이 과정에서는 업체명과 컨택할 후보자의 이름만 알고 연락처는 모르는 경우에서 시작해야 한다.

그렇다면 타깃서치를 통해 헤드헌터가 접촉하고자 하는 대상은 어떤 사람들일까? 헤드헌터의 표적이 되는 경력직 고급인력의 공통점은 국내 · 외 우수대학을 졸업하고 업계에서 인지도 있는 기업에서 3~4년 이상 안정적으로 근무했다는 점이다. 일류대학 졸업장은 명석한 두뇌와 학습능력을 보여주는 것이고, 업계에서 인정받는 조직에서의 오랜 근무는 그들이 일정 수준 이상의 성과를 안정적으로 이뤄냈음을 증명한다. 따라서 기업은 이러한 이들을 '핵심인재'라고 하며 인재에 대한 투자비용 효율성을 위해 확보하고 양성하려 한다. 경기가 불안정하고 불확실해질수록 기업은 핵심인재에 대한 수요를 늘리게 되며 헤드헌터가 할 수 있는 역할도 늘어나게 된다.

핵심인재급 구인의뢰들 사이에는 유사한 특징이 발견된다. 보통 채용포털과 플랫폼을 통해서 찾기 어려운 사람들을 요구하고 있다. 국내 취업사이트에 이력서를 올리는 성향이 약한 C-레벨 임원이나 간부급, 또는 해외 인재를 헤드헌터가 찾아주어야 한다. 그런 사람들이다 보니 연봉이나 처우 수준이 월등히 높은 편이다. 또한, 특정 대학 출신만을 핵심 인력급으로 영입하려는 기업도 있다. 우수대학 출신은 상대적으로 기업도 우량기업에 잘 진출해있는 편이어서 고객사가 좋아할 만한 경력을 보유한 경우가 많다.

국내 대기업 중 해외 인재의 영입을 결정한 클라이언트의 사례를 살펴보면 차장 직급을 채용하면서 연봉은 약 2억 원을 책정했고, 사이닝보너스(계약격려금)와 주택제공을 약속하였다. 그 기업 인사팀은 헤드헌터가 추천한 후보자를 헤드헌터가 설득하도록 하는 데 그치지 않고 실리콘밸리까지 찾아가서 직접 만나고 설득하였다. 그 인재를 추천한 사람은 고객사가 후보자에 대해 요구한 특정 대학 출신이었고 동문회 등을 통해 주변 지인들에게 제안도 해보고 소개를 받은 경우이다.

이런 면에서 네트워크가 이미 형성되어 있는 사람들이 헤드헌팅을 하기에 유리한 부분이 있다. 하지만 개인의 학벌과 인맥이 헤드헌터가 되기 위한 전제나 충분조건은 아니다. 언젠가는 핵심인재의 정의가 바뀔 날도 올 것이다. 연고를 통한 구인·구직을 넘어서 정말 본인과 잘 맞는 인재와 일터를 찾으려는 사용자들의 기대가 적극적인 실천으로 나타나고 있는 점은 고무적이다.

협력으로 이루는 성과, 코웍(Co-Work)

HEADHUNTER

회사 시스템에는 코워크(Co-Work, 이하 '코웍'이라 하겠다)요청 시스템과 후보자 공유 시스템이 있다. 내가 찾고 있는 포지션에 대해서 다른 헤드헌터에게 도움을 부탁하여 그 헤드헌터가 후보자를 추천해서 채용됐을 때 인센티브를 나누겠다는 것이 코웍 요청이다. 후보자 공유 시스템은 자신이 알고 있는 핵심인재를 다른 헤드헌터와 공유하여 그 헤드헌터가 적절한 포지션을 진행하게 될 때 활용하도록 하여 성사되면 인센티브를 받는 방식이다.

반도체와 자동차부품 업계를 전문분야로 하는 2명의 헤드헌터와 집중해서 일한 적이 있다. 자동차 부품 분야 헤드헌터와는 코웍을 해서 성과가 잘 났는데, 반도체 분야는 후보자 찾기도 어렵고 면접에서

도 잘 안되었다. 그래서 또 다른 전문분야를 가진 헤드헌터와 코웍을 해보고 싶었고 유통업에 주력하는 헤드헌터, 인테리어 업계를 주로 거래하는 헤드헌터와도 일해보았다.

동료 헤드헌터는 헤드헌터가 거래처에 필요한 인재를 찾을 때 큰 도움을 주고받을 수 있는 숨은 보석과 같다. 따라서 동료와의 유대관계가 중요하다. 전문분야가 있으면 동료들에게 귀띔해두는 것이 좋다. 예를 들어, 본인이 식품이나 게임 분야의 헤드헌터라고 알려지면 타 헤드헌터들이 거래처로부터 식품과 게임 분야 인재를 찾는 의뢰를 받았을 때 함께 찾아보자고 연락한다.

코워커 사이에도 궁합은 있다. 서로 산업군이나 직업군에 대한 선호도와 이해도가 비슷해서 정보공유와 인재추천을 쉽게 해줄 수 있는 사람, 또는 신뢰를 바탕으로 협조해서 결과를 같이 만들어갈 수 있는 사람이었을 때 성과도 좋다. 헤드헌터가 1인 사업가라고 한다면 코워커는 좋은 사업파트너가 되는 것이다. 내가 누군가에게 좋은 코워커가 될 수 있고 누군가가 나에게 좋은 코워커가 되어줄 수 있다는 점은 협업의 즐거움을 알게 해준다.

협업이 필요한 상황의 발생 시 특정 헤드헌터끼리 코웍하는 것도 가치가 있다. 더불어 코웍 요청 시스템을 활용하는 것을 적극적으로 해볼 필요가 있다. 아무리 성과가 좋은 헤드헌터라도 의뢰기업으로부터 받은 모든 채용포지션을 다 혼자서 성사시킬 수 있는 사람은 없다. 그렇다면 일부 포지션은 동료 헤드헌터와 같이 의논하고 찾아볼 수 있을 것이다. 그 동료 헤드헌터가 잘해낼 수 있는 역량과 의지를 갖춘 신입이라면 더욱 좋을 것인데, 상대적으로 거래처가 부족해서 의뢰건을 유치하기 힘든 헤드헌터 입문자 입장에서는 서칭하고 결과를 내볼 기회가 되기 때문이다.

일찍이 필자는 성공한 선배 헤드헌터들과 교류할 기회가 있었는데 후배에게 관심을 보이고 진정으로 코웍을 할줄 아는 분을 멘토이자 롤모델로 삼게 됐다. 비슷한 헤드헌터 중에서도 성장과 윈윈Win-Win을 지향할 줄 아는 그분이 더 멋져 보였다. 이처럼 성공한 헤드헌터는 코웍을 통해 다른 헤드헌터의 성공을 도울 수 있다.

고객의 이해를 돕는 핵심 스킬, 평판조회

HEADHUNTER

기업에서 후보자를 채용해야겠다고 생각할 때 과거 직장에서 어땠는지 알아보는 평판조회Reference Check라는 것을 한다. 헤드헌터에게 의뢰해서 보고서를 작성해달라고도 하고, 채용기업에서 직접 하는 경우도 있다. 후보자와 같은 직장을 다녔던 사람들에게 평판조회를 요청하게 되며 질문하는 것은 후보자의 업무방식, 직장 내 인간관계, 인성, 전문성, 장 · 단점, 이직고려 사유 등이다. 주로 3명 정도 통화를 하면 공통점이 나오고 서로 보완되는 얘기가 도출되곤 한다.

필자에게는 평판을 조회했을 때 공통된 얘기를 들으면서 그 후보자에 대한 전반적인 이해가 높아졌던 경험이 있다. 직장 내 인간관계가 어땠는지 물었을 때 동료와 후배들과의 관계가 매우 좋았고, 상사와의 관계도 좋긴 좋았는데 전자의 관계만큼은 아니었다는 평판을 가진 후보자가 있었다. 사람들이 단점을 얘기하지 않으려 하거나 알려줘도 약하게 말하는 경향을 고려하면 이 사람은 상사와의 관계가 그렇게 좋지 않았을 수도 있다는 생각이 들었다.

실제로 그 후보자와 함께 근무했던 직장 지인을 통해 더 알아보니 직장 상사의 눈에 들지 않아 역량을 발휘할 수 있는 프로젝트를 부여받지 못했고 기회가 없었다고 했다. 그것이 실제 이직을 희망하는 동기가 되었다. 팀장급에 추천하여 팀원 리드 능력이 중요한 포지션이었기 때문에 합격하는 데에 도움이 되는 평판이긴 했다. 하지만 팀원을 채용하는 포지션에서 이런 레퍼런스 보고서가 들어갔으면 결과가 달라졌을 수 있다. 보통 평판조회에서 확인하는 사항은 다음과 같다.

	체크 포인트	질문 사항		
인성	활동 스타일	– 활발하고 사교적인가? – 조용하고 차분한 스타일인가?		
	커뮤니케이션	– 주관이 뚜렷하고 자기주장이 강한 편인가? – 타인의 의견을 잘 수용하는 편인가?		
	업무 스타일	– 창의적이고 직관적인 천재형인가? – 성실하고 책임감 강한 노력형인가?		
	혁신마인드	– 새로운 환경을 선호하는 변화추구형인가? – 익숙한 것을 추구하는 안정지향형인가?		
	유연성	– 융통성과 효율성을 중시하는 편인가? – 원칙을 중시하는 편인가?		
	성숙도	– 감정이 풍부하고 다혈질인 편인가? – 안정적이고 끈기가 있는 편인가?		
전문성	이론/실무	– 전문지식을 갖추고 있는가?(학교, 교육/훈련 등) – 실전경험은 풍부한가?		
	업무성과	– 성과나 실적은 어떠한가? 성과에 대한 기여도는?		
	인적 네트워크	– 관련 전문가들과 인적 네트워크를 구축하고 있는가? – 인적 네트워크를 업무에 효과적으로 활용하는가?		
리더십	비전 및 전략제시	– 조직원들에게 효과적으로 비전과 목표를 뚜렷이 제시하는가? – 전략적 사고와 합리/신속한 의사결정 역량을 갖추고 있는가?		
	가치창출	– 목표를 달성하고자 하는 열정과 도전정신이 있는가? – 구체적 성과를 내는 데 필요한 추진력과 실행력이 있는가?		
	조직 활성화	– 팀워크를 끌어내고 구성원을 동기부여하는 역량이 있는가? – 커뮤니케이션 스킬이 있는가? 타인을 설득하는 능력이 뛰어난가?		
	리더십 스타일	– 리더십 스타일은 어느 쪽에 가까운가? · 강한 추진력, 행동력을 바탕으로 조직을 이끄는 파워리더형? · 신뢰와 팀화합을 중시하며 솔선하여 섬기는 서번트리더형?		
기타	특이사항	강점	약점	종합평가 (직무 적합도)

평판조회는 객관적이며 결코 형식적이지 않다. 오래 이 일을 한 헤드헌터들은 평판을 조회하는 단계에서 후보자가 떨어진 경험을 한 번쯤은 갖고 있다. 직장 동료의 단점을 말해보라고 하면 얘기를 안 해주다가도 끝까지 집요하게 물어보면 한두 가지 정도는 듣게 된다. 전 직장에서의 평판은 근무지를 옮길 때마다 생기게 된다. 따라서 '누군가가 나에 대해 평판조회를 했을 때 나는 어떤 사람일까?'를 가끔 돌아보면 어떨까? 좋은 평판은 지금 자신이 만들어가는 것이다.

기업과 후보자의 윈윈을 이끄는 연봉협상

HEADHUNTER

필자는 연봉협상에서 거의 실수 없이 당사자들이 원하는 대로 진행하고 있다. 기업이 제시할 수 있는 연봉 수준과 후보자가 바라는 연봉 수준을 미리 정확하게 알고 추천하기 때문이다. 인사팀에서 경력직 연봉은 면접 후 협의이고 좋은 인재인 경우 원하는 대로 맞춰줄 수 있다고 해도 쓸 수 있는 예산의 범위를 물어본다. 그렇게 했을 때 답을 얻기가 어려우면 그 포지션에 현재 재직 중인 사람이나 과거 재직했던 사람의 연봉을 알아낸다.

후보자가 희망하는 연봉은 직접 액수를 제시하도록 권해서 알아내기도 하나 이직동기를 물어보면서 파악할 수 있다. 후보자가 이직을 준비하는 이유에서 '처우' 부분이 큰 비중을 차지한다면 당연히 연봉

인상률도 높기를 바란다. 희망하는 인상률이 높으면 그렇게 높게 요구할 수 있는 근거를 달라고 요청한다. 연봉협상에서 중요한 것은 세 가지이다.

1. 기업이 제시할 수 있는 연봉과 후보자 희망연봉 미리 정확히 파악하기
2. 후보자 전 직장 연봉과 입사할 직장의 연봉 구성을 동등하게 만들어 비교하기
3. 인센티브는 기업마다 다르고 유동적이므로 고정급을 중심으로 협상하되 인센티브 수령액은 이해시키거나 설득하는 데 참고하기

3번 항목에서 알아두면 좋은 것은 인센티브 중에 일회성 인센티브가 있다. 바로 '사이닝 보너스Signing Bonus'라는 것이다. 개념은 스포츠에서 우수한 선수를 스카우트하기 위해 구단에서 연봉 외에 지급하는 이적료와 같은 것에서 유래한 것이다. 기업에서 좋은 처우를 제시하여 인재를 영입해올 의향은 있으나 기본연봉은 많이 인상해주지 못한다고 할 때 '사이닝 보너스를 추가로 지급 가능한지'를 파악하여 인재를 설득하는 데 활용하기도 한다.

세 가지를 유의하면 연봉협상을 잘할 수 있다. 인사팀에는 후보자가 불리하지 않도록 입장전달을 잘하는 것이 필요하다. 후보자 설득 과정에서는 종전 직장의 원천징수영수증이나 급여명세서를 전달받

아서 후보자에게 휘둘리지 않을 수 있는 근거를 찾을 줄 알아야 한다.

필자는 이직 동기에서 처우가 큰 비중이 아닌 사람들은 이직하면서 5~10% 정도는 더 받도록 무난하게 협상을 이끌었다. 반면에 높은 대우를 원했던 사람들이 있었고 그런 이들을 17~25% 사이의 인상률로 이직할 수 있게 이끌어주었다. 이런 유형의 사람들은 인사팀으로부터 '채용하고 싶다'는 결과를 받으면 '이제 시작이구나'라는 마음가짐이 들게 하는데, 20% 내외로 연봉을 높이기는 쉽지 않은 일이기 때문이다.

연봉협상에서 헤드헌터가 해야 할 일은 이전 기업(A)과 새로운 기업(B)의 연봉 구성을 세부적으로 파악하는 것이다. 기본급, 성과급(인센티브), 수당, 기타 복리후생비 등의 항목 등을 빠짐없이 파악한다. 예를 들어, A기업에서 연봉이 기본급+인센티브로 구성되어 있다면 B기업에서는 기본급+수당+복리후생비+인센티브 체계일 수 있다. 연봉을 비교할 때 두 가지를 동등한 위치에 놓는 것이 필요하다.

A기업에 있었던 후보자가 B기업으로 가기 위해 기본급을 20% 올려달라고 요청한다고 가정하면 그것이 B기업 입장에서 이해할 수 있는 지 고려해야 한다. A기업에 있었던 사람은 수당이나 복리후생비를 받지 않았었는데 그 사람을 영입해오면서 기본급은 기본급대로 높이고 추가적인 비용을 고정적으로 지출한다는 것이 형평성에 맞지 않기 때문이다. 이럴 때 B기업은 수당과 복리후생비가 고정적으로 나

오는 것이기 때문에 A기업에서 받았던 기본급을 고정급으로 잡고 B기업에서 받을 고정급(기본급+수당+복리후생비)과 동등한 선에 둔다. 그래서 후보자에게 고정급으로 협상하는 것에 협조를 구하면서 인사팀에서도 수용하고 후보자도 만족하도록 협상을 진행한다.

HEADHUNTER

PART 03

성장하는 헤드헌터의 스마트워크 실전

직급은 어떤 사람에게는 이직 사유가 될 만큼 예민한 부분이기도 하다. 하지만 직급의 상하가 능력의 상하와 반드시 맞아떨어지는 것은 아니라서 주어진 직급의 포로가 될 필요는 없다. 직급이 높아질 때는 역할 기대가 동시에 높아지는 것이며 그 기대에 부응할 수 있어야 한다. 다른 직업은 논외로 하더라도 헤드헌터가 되길 희망한다면 대외적인 직급은 자신이 기여할 수 있는 역할에 맞는 수준인지 고민해보는 것도 좋을 것이다.

헤드헌터가 근무하는 시간과 공간

HEADHUNTER

시간에 얽매이지 않는 데서 오는 행복감. 일하면서 이런 것을 매일 느끼는 게 가능할까? 가끔 점심 후 카페에서 동료와 얘기하다 보면 옆에 앉아있던 직장인들은 1시 전에 우르르 회사로 되돌아간다. 하지만 헤드헌터인 나와 동료는 늦게까지 남아있어도 자연스러운 상황일 뿐이다. 그만큼 시간적인 여유가 있기 때문이다.

몸이 안 좋을 때, 집안에 일이 생겼을 때, 프로젝트가 한가할 때, 멀리서 지인이 찾아올 때 등의 개인적인 일이 생기면 재택근무가 아니라 사무실에서 일하고 있었더라도 자리를 비우는 것이 자유롭다. 꼭 자리를 지켜야 하는 압박감이 없기 때문이다. 9시에서 6시까지 근무

해야 하는 것도 없을뿐더러 하루에 몇 시간을 일해야 한다는 강제성도 물론 없다. 휴가를 신청하고 승인받는 것도 제약이 없는 편이다. 자신이 채용 프로젝트를 맡은 거래처에만 필요하면 알리고 쓰면 된다. 일반기업에서의 정기휴가 기간과 같은 시기에 여행을 다녀올 수도 있고, 그때도 다녀오고 다른 때도 가능하다. 자신의 책임만 다하면 된다. 연장선에서 출산휴가나 육아휴직도 자유롭다. 일반적인 회사원의 경우 월차나 연차를 내지 않으면 개인 시간을 활용하는 것에 제약이 많지만, 헤드헌터는 자기 시간의 완전한 주인이 된다.

모든 일은 그 일을 이루도록 돕는 적절한 공간이 필요하다. 직장인이라면 으레 사무실에서 일해야 한다는 것에 동의한다. 하지만 사무실에서 업무효율이 그리 높지 않다면?

필자가 취업하던 시점에는 카페가 우후죽순 생겨나고 있었다. 새로 생긴 카페에 가끔씩 지나가다 들렀던 것이 점점 편안해지면서 커피 향과 맛도 즐기게 되었다. 지인이나 친구들과 가볍게 차 한 잔 마시며 얘기하러 가던 곳이, 마음을 추스르고 평온해지고 싶은 날 혼자서도 찾는 곳이 되었다.

헤드헌터 사무실에 출근하고 데스크톱 PC를 받았을 때에는 당연히 배정된 자리를 지키며 사람을 찾고 연락하며 프로세스를 진행했다. 그런데 어느 날 새로 나온 노트북으로 PC를 교체하게 됐다. 그때

• **연금 · 보험**

국민연금, 고용보험, 산재보험, 건강보험, 사학연금, 공무원연금, 퇴직연금, 개인연금, 상해보험

• **보상 · 수당 · 지원**

스톡옵션, 퇴직금, 각종 경조금 지원, 인센티브제, 정기보너스, 자녀 학자금 지원, 직원대출제도, 차량 유류 보조금, 장기근속자 포상, 우수사원 표창/포상, 금연수당, 본인/가족 의료비 지원, 교육비 지원, 자기계발비 지원, 야근수당, 휴일수당, 연월차수당, 직책수당, 자격증수당, 장기근속수당, 위험수당, 가족수당, 명절 귀향비 지급, 주차비 지원(주차가능), 야간교통비 지급, 기념선물 지급, 도서구매비 지원, 본인 학자금 지원, 체력단련비 지원, 휴가비 지원, 성과급, 우리사주제도, 보육수당, 선택적 복리후생 제도, 주택자금 지원, 문화생활비 지급, 자사 · 자회사 · 계열사 제품 할인

• **사내시설 · 장애인지원**

기숙사 운영, 사내식당, 사택 제공, 휴게실, 체육시설, 카페테리아, 사내도서관, 사내정원, 의무실, 탁아시설, 주차장, 수면실, 숙직/당직실, 여성전용휴게실, 수유실, 샤워실, 수영장, 건물 내 흡연실, 장애인용 주차장, 장애인용 승강기, 장애인용 화장실, 건물내 경사로, 휠체어용 난간, 유도점자블록, 비상경보장치

• **휴무 · 휴가 · 행사**

주5일근무, 격주휴무, 연차, 월차, 정기휴가, 경조 휴가, 반차, 위로 휴가, 리프레시 휴가, 포상휴가, 산전 후 휴가, 육아휴직, 남성출산휴가, 보건휴가, 창립일 휴무, 노동절 휴무, 창립일 행사, 워크숍/MT, 체육대회, 야유회

• **교육 · 연수**

사내 외국어강좌 운영, 신입사원 교육(OJT), 직무능력향상 교육, 리더십강화 교육, 해외연수 지원, MBA과정 지원, 사이버연수원 운영, 자격증취득 지원, 해외주재원 제도, 아웃플레이스 제도

• **생활편의 · 여가행사**

사내 동호회 운영, 인포멀 지원, 통근버스 운행, 건강검진, 중식제공, 석식 제공, 조식 제공, 근무복 지급, 휴양시설 지원, 해외여행 지원, 식비/식권 지급, 무료진료 지정병원

그림 일반기업의 복리후생 항목들 출처: 잡코리아

**정규직 서치펌에는 각 상위항목에 대하여 하위항목의 일부가 존재하나 프리랜서 서치펌에서는 찾기 어렵다.

카페는 가끔 취미처럼 일과 후 찾는 곳으로서 책을 보든 개인 사무를 보든 나를 모르는 사람들에 둘러싸여 익명의 자유를 누리다 오는 곳이었는데 잠재되었던 의식에 발동이 걸려버렸다. 한번 근처 커피숍에 노트북을 들고 가서 일했는데 편하고 집중도 잘 되었기 때문이다.

헤드헌팅 프로세스는 전화기와 PC 그리고 두 발만 있으면 할 수 있다. 물론 기본은 사무실에 출근하지만, 집중이 잘 안 되는 날은 카페에 가기도 한다. 사무실에 걸려오는 전화는 개인 휴대폰으로 착신 전환하고 통화무제한 요금제를 설정했다. 커피값에 대한 생각은 카페에서 집중이 잘되고 효율이 오르기 때문에 공간에 제값을 지불하고 계획한 것을 성취하고 오는 데 목적을 두었다. 카페라는 공간은 의뢰가 갑자기 쏟아졌을 때 복잡해진 머리를 정리하고 긴장을 이완하면서 우선순위를 세우고 오는데도 도움이 되었다. 물론 재택근무도 가능하다.

성과급제 서치펌에 입사하면 생활편의는 스스로 챙겨야 하고, 여가 행사가 적은 편이므로 동료와 친목할 기회를 자기가 찾아 나서야 한다. 연금 · 보험을 들어주지 않고 성과급 외에 보상이 없기 때문에 소득이 생길 때 관리를 잘해야 한다. 사내시설은 갖춰진 인프라를 최대한 활용하는 것이 좋다.

교육이나 연수의 부족에서 오는 배움의 한계는 선배 헤드헌터를 멘토로 둠으로써 극복할 수 있다. 개인사업자나 다름없는 헤드헌터들이 모이니 조직문화는 무미건조한 편이다. 하지만 사내 인간관계에서 불필요한 스트레스가 생기지 않는 것이 장점이 되고, 친한 사람들을 만나면 어느 정도 회사생활을 하는 느낌도 살릴 수 있다.

헤드헌터의 연봉, 이렇게 결정된다

HEADHUNTER

헤드헌터의 수입은 매출이 발생할 때마다 본인 매출에서 통상 30%를 소속 서치펌에 준 나머지가 된다. 매출액은 채용시킨 사람의 연봉의 20%(±5% 협의)이다. 이때 연봉의 20%는 채용시킨 사람의 연봉에서 차감하는 것이 아니라 거래한 기업으로부터 별도의 채용컨설팅 수수료 명목으로 받는 것이다. 따라서 헤드헌터를 통해 입사하는 후보자는 자신의 비용을 전혀 지불하지 않는다.

연봉의 약 20%를 수수료로 받는 것은 헤드헌팅의 프로세스와 난이도, 헤드헌터의 공헌을 총체적으로 고려했을 때 합당한 수준이다. 수수료를 할인하여 서비스를 제공하려는 사람이 있다면 본인이 진행하는 채용컨설팅에 대한 자부심이 부족한 것이다. 또한, 헤드헌팅의 가치를 떨어뜨리는 행위이므로 지양해야 한다. 그리고 본인이 의도하지 않았더라도 수수료를 덤핑하는 헤드헌터가 늘게 되면 추후 업계 관행에 파동을 일으켜 헤드헌팅 업계에 손해를 끼칠 수 있음을 명심해야 한다.

헤드헌터가 5,000만 원 연봉의 채용을 성사하면 1,000만 원 매출에 700만 원의 소득이 생긴다. 그런데 이것은 개인이 수주해온 거래처에서 발생한 채용 건에 대해 스스로 추천한 후보자가 입사한 경우이다. 세부적으로 들어가면 동료 헤드헌터와 코웍을 해서 소득이 발생할 때가 많은데, 그렇게 되면 채용의뢰를 수주해온 사람과 후보자를 추천해준 사람이 50%씩 소득을 나눈다. 정리하면 다음과 같다.

1. A가 K기업의 채용 건을 받아서 그 포지션에 A가 찾은 사람이 채용된 경우: 매출의 30%를 회사, 매출의 70%를 A가 수령한다.
2. A가 K기업의 채용 건을 받아서 그 포지션에 동료 B가 찾은 사람이 채용된 경우(A와 B가 코웍 했을 때): 매출의 30%를 회사, 나머지 70%의 50%씩을 A와 B가 각각 받는다.

필자는 헤드헌터를 시작할 때 5년 정도는 인재 찾는 리서처 역할에 집중하기로 생각했었다. 그래서 구인의뢰를 수주해오지 않고 코웍을 통해서 후보자를 추천해준 게 많았다. 그러다 보니 입사자의 수는 만족스러워도 소득이 적었다.

예를 들어 입사한 해에 6명을 채용시켰는데 5,000만 원 연봉의 사람을 20% 수수료 계약 하에서 코웍으로만 입사하게 했다고 하면 5,000×0.20×0.35×6=2,100만 원이다. 중소기업의 대졸초임이 연 2,400만 원이라는 것을 생각했을 때 입사 첫해의 수입은 나쁘지 않았다.

시작할 때부터 코웍의 힘을 빌릴 필요 없이 거래처와 서칭능력을 갖추고 있다면, 대기업 연봉 정도는 벌면서 이 일을 시작할 수 있다. 그리고 다른 기업에서는 연차가 올라가고 직급이 올라가면서 연봉 상승이 이뤄질 때가 많지만 헤드헌팅 업계에서는 자신의 능력에 따라 연봉이 오르는 시기를 앞당길 수 있다.

그런데 첫 직장에서 지금 있는 기업으로 이직하게 된 계기는 내 몫의 소득을 제대로 못 받았기 때문이었다. 첫 직장에서 직장상사가 나를 후보자를 찾는 역할(리서처)로 뽑으면서 코웍 성사 시 반반으로 나누지 않고 6:4로 나누어 매출의 35%(5:5)가 아니라 28%(6:4)만 내 소득으로 지급되게 했다.

그런데 면접을 볼 때 이것이 업계의 관행이라고 했다. 구인의뢰를 수주해오는 것이 중요하므로 그 사람이 더 받아야 한다고 한 것이다. 하지만 '그렇지 않다'는 사실을 반 년이 지나서 다른 팀의 팀원과 개인소득을 얘기하는 관계로 발전하면서 알게 된 것이다. 다른 모든 팀에서는 신입도 코웍이 성사되면 35%씩(5:5) 배분하고 있었다. 헤드헌터로 취직하기 전에 직접 직업체험은 못했어도 관련된 책을 읽고 공부해갔던 터라 이 점에 대해서 몰랐다는 사실에 언짢았다. 그런데 이런 부분에 대해서는 알려진 게 없어서 채용담당자의 말을 믿고 입사했던 것이다.

인재를 찾아준 사람이 소득을 더 가져가면 더 가져가지(코웍한 두 당사자 간의 협의로) 채용의뢰건만 가져오고 서칭은 하지 않은 채 거래처에 후보자를 전달만 한 사람의 몫이 더 높기는 어렵다. 그리고 리서처 역할을 하는 사람은 일정량의 월급을 받기도 한다.

업계의 일반적인 매출 배분율에 대해서 알게된 날, 마음의 상처를 많이 받았다. 도대체 돈에 대한 가치관이 어땠으면 신입사원이 받아야 할 몫까지 챙겼을까 싶었다. 솔직히 그분 밑에서 많은 업무를 배웠다. 신입을 가르치면서 한배를 타고 가려면 위험이 있었을 것이기 때문에 그 점을 보상받고 싶었을지도 모르겠다. 하지만 나중에 적응하고 잘하면 퍼센트를 올려주겠다는 말도 없었으며, 받을 수 있었던 소득을 계산해보니 평균 직장인 한 달 월급은 족히 넘어서 실망감이 더 컸다. 이처럼 잘 알려지지 않은 업계라는 이유로 전체적인 모습을 왜곡하는 일이 있어서는 안 된다. 필자가 겪은 것과 유사한 경험이 어느 곳에서든 다시 되풀이되지 않길 바란다.

서치펌 조직에서의 헤드헌터의 직급

HEADHUNTER

필자는 '직급은 사원에서 시작하여 연차와 승진 가능성에 따라 진급을 한다' 정도의 기본지식을 갖고 서치펌에 입사했다.

'사원 – 주임 – 대리 – 과장 – 차장 – 부장 – 이사 – 상무 – 전무 – 부사장 – 사장'이 조직에서 통상적으로 배열하는 직급Job-Grade이다. 신입사원이니 사람들이 '○○씨'라고 불러줄 것에 대해 당연하고 자연스럽게 생각하고 있었는데 입사할 때 "직급을 무엇으로 할래요?"라는 질문을 받았다. 근무한 지 얼마 지나지 않아 주위에서 '○○씨는 대리를 달아보는 것이 어떻겠냐', '왜 직급을 안 붙이냐' 등의 말을 꺼내기 시작했다. 그럴 때마다 '조직문화가 상위직급을 주는 것에 너그러운가

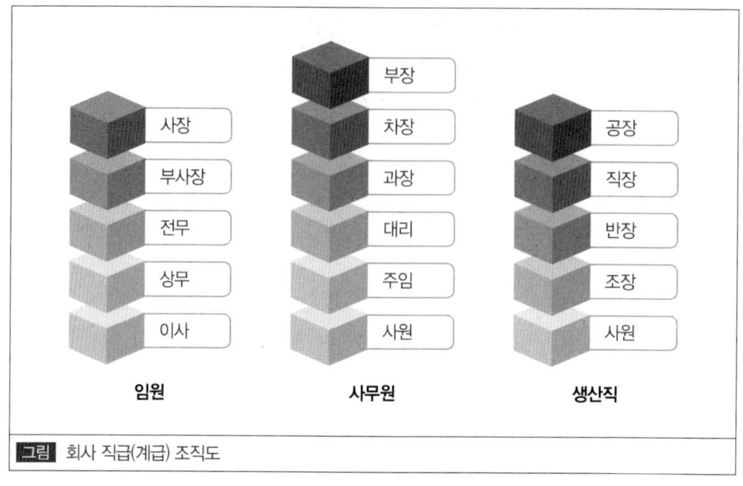

그림 회사 직급(계급) 조직도

보다'라고 생각했을 뿐이다. 조직에서는 인사관리와 인력운영을 위해 직급을 배열하고 일정한 특성이 비슷한 직위끼리 한데 묶어서 분류한다. 분류를 위해 고려하는 특성들은 직무(맡은 일)의 난이도, 책임의 정도, 역할과 권한의 크기이다.

직무의 난이도, 책임, 역할과 권한이 실무를 보는 수준(실무자)의 직위로는 사원에서 대리를 두고 중간관리 수준의 직위로는 과장에서 부장을, 임원(최고관리) 수준의 직위에는 상무(이사)에서 사장을 둔다.

직급의 정의를 살펴보면 다음과 같다. 사원; '대졸 사원의 급수만큼 진급하여야 대리 진급이 가능하다. 예를 들어 고졸 사원은 8년, 전문대졸 사원은 6년, 대졸사원 4년은 4년이 지나야 대리로 승진한다'. 과장: '실무와 관리 업무 모두 한다'. 부장: '자기 밑의 95%를 통제하는 위치에 선다.' 상무: '자기 밑의 98.8%를 통제하는 위치에 선다, 비서가 지원되기 시작한다, 자기 방이 생기기 시작한다.' 등이다.

필자가 속한 헤드헌팅 업계에서는 분류기준에 따라 직급을 부여하고 있지 않다. 하위단계 직급이 수행하기로 한 역할의 크기나 직무난이도, 책임은 상위단계 직급의 그것과 같다. 다만 상위단계의 직급인 사람들에게 조직은 더 어려운 일을 수행해내거나 더 큰 역할을 해내길 기대할 수 있다.

각각의 헤드헌터는 자기고용Self-Employed, 1인 사업가로서 모두가 대외적으로 실무자이자 중간관리자이자 최고관리자 역할을 한다. 조직에서 정해주는 직급이 커다란 의미를 갖지 않는 업종이다. 같이 일하는 헤드헌터들은 직급에 무심한 필자를 '○○씨', '○○님', '대리님', '과장님', '이사님' 등 본인이 부르고 싶은 대로 호칭했다. 일반기업에 갔으면 동일 연차에 듣지 못했을 호칭을 듣는 것은 색다른 경험이었다.

'대외적으로 어떤 직급을 사용할 것인가'에 대해 고민했던 필자는 시간이 흐르면서 마음에 와 닿는 직급을 발견했다. S전자에서 연공서열을 깨고 서로를 '프로'(프로페셔널을 지향)라는 공통 호칭으로 부르기 시작했다는 뉴스를 듣고 착안하여 명함에 '프로'를 넣었고, 지금은 '프로 헤드헌터'로 불리고 있다.

직급은 어떤 사람에게는 이직 사유가 될 만큼 예민한 부분이기도 하다. 하지만 직급의 상하가 능력의 상하와 반드시 맞아떨어지는 것은 아니라서 주어진 직급에 얽매일 필요는 없다. 직급이 높아질 때는 역할기대가 동시에 높아지는 것이며 그 기대에 부응할 수 있어야 한다. 다른 직업은 논외로 하더라도 헤드헌터가 되길 희망한다면 대외적인 직급은 자기가 기여할 수 있는 역할에 맞는 수준인지 고민해보는 것도 좋을 것이다.

경기와 상관없이 잘 나가는 헤드헌터 되는 법

구글의 인공지능 알파고와 이세돌 9단의 대국이 있었다. 인간만의 영역으로 여겨지던 바둑에서 인공지능의 승리는 기계가 인간을 넘어서고 로봇이 인류의 일자리를 빼앗는 시대가 올 수 있다는 불안감을 심어주었다. 대결을 보며 일자리의 미래를 고민한 많은 사람들처럼 필자 또한 '헤드헌터는 로봇이 대체할 수 있는 직업일까?'라는 생각을 피할 수 없었다.

신문에서는 일찌감치 AI Artificial Intelligence를 준비해온 다른 나라와 비교하며 우리나라도 인공지능 시대를 준비해야 한다는 기사가 실렸다. 그리고 그 방법 중에는 인공지능 연구 인력을 양성하는 것이 포함되어 있었다. 그때 뇌리를 스친 것은 지금 이 세기의 대결을 보고 인

Present and
Head Hunter

공지능 연구 인력의 수요가 기업에서 늘어날 것이라는 직감이었다. 그 순간에 기술의 발전이 헤드헌터의 업무영역을 침범하기보다는 새로운 기술을 보유한 인력을 찾도록 역할을 늘려준다고 생각했다.

인공지능이 헤드헌팅을 대신하는 시대는 아직 먼 얘기이고, 내가 할 일은 지금 트렌드가 제시하는 일거리들을 되돌아보고 그 인력풀을 구축하기 위한 준비였다. 실제로 AI관련 인력을 찾아달라는 의뢰들이 생기고 있으며, ICBM(사물인터넷, 클라우드, 빅데이터, 모바일) 분야 등에서 인력의 수요가 증가하는 것이 보인다.

반면에 트렌디한 직업이라는 이면에는 경기에 영향을 받는 직업이라는 점도 함께 한다. 시대의 요구에 따라서 호황과 불황을 겪는 업종이 번갈아 나타난다. 한때 전성기를 누렸던 건설 · 조선 업종의 헤드헌터들이 지금은 그 수가 많이 줄었다고 한다. 금융 분야 헤드헌터의 활동이 빛나던 때가 있었는데, 세계 경제가 악화하면서 경쟁력 있는 사람들만 살아남았다는 얘기도 전해진다.

하지만 경기가 어떻든 영향을 덜 받는 헤드헌터가 되면 된다. 어떻게 세상이 돌아가고 변화하는지 주목하고 전문분야를 여러 개 두는 방법으로 안전장치를 확보할 수 있다. 헤드헌팅은 그때그때 기업에서 필요한 인력을 공급하는 일이기 때문에 트렌드와 밀접할 수밖에 없고, 트렌드와 나란히 공생할 수 있는 장점이 있다.

이러한 장점을 살리기 위해 행동할 수 있는 작은 실천은 매일 신문을 읽고 산업 동향을 예의주시하는 것이다. 생각해볼 거리가 있으면 정리해둔다. 이것을 일에 적용하면 핵심인재를 미리 확보하는 것에도 도움이 되고, 다른 업 · 직종의 사람들과도 커뮤니케이션하기가 수월해지는 등 분명 시너지 효과가 있을 것이다.

시니어 헤드헌터의 강점 활용 & 주니어 헤드헌터가 고려할 전략

헤드헌팅은 업무절차가 정해져 있어도 각각의 프로세스 전개를 위해 필요한 환경은 개인이 전략을 짜고 만들어갈 수 있다. 프로세스 중에서 자신이 강점을 가진 부분을 살려도 좋다. 시니어의 경우 헤드헌터가 되기 전에 쌓아온 전문성을 활용할 수도 있고 영업력이나 후보자 네트워크를 무기로 내세울 수도 있다.

강점이 없는 경우에는 인사팀과 유대관계가 돈독한 기업을 5~10개 정도 만드는 것이 좋다. 유대관계란 개인적인 친분이 아니라 믿고 맡겼을 때 책임지고 인재를 투입해줄 수 있는 업무상의 신뢰를 의미한다. 각 기업당 연중 오픈 포지션이 10개 정도 꾸준히 나오고 그중 채

강점을 활용한 사례 1

〈영업력이나 네트워크가 좋은 경우〉

A 후보자 서칭은 동료헤드헌터들에게 맡기고 고객사 수주에 집중한다. 콜드콜[3] 을 대량 돌린다. 받아오는 채용의뢰 건수가 매우 많다. 동료 헤드헌터들에게 후보자를 찾을 기회를 주고 성사 시 수익을 배분한다.

B 기업체에서 오래 근무하다 와서 임원급 지인이 많다. 학력 또한 좋아서 학연 네트워크도 강점이다. 네트워크를 활용해서 고객사를 확보하고 후보자를 찾는다. 코웍도 내부 헤드헌터들만이 아닌 외부 네트워크의 도움을 받는다.

강점을 활용한 사례 2

〈전문분야가 있는 경우〉

A 10~20년 넘게 근무한 업계 내에서 헤드헌팅을 집중했다. 해당 산업의 흐름을 이해하고 관련 직무들에 대한 지식과 인적 네트워크가 탄탄하여 그 업계에서 독보적인 헤드헌터가 되어 있다.

B 업계에서 직접 근무한 적이 없지만, 자신이 깊게 관심이 있던 분야나 인연이 되었던 분야를 전문분야로 만들어서 비슷한 기업들에 채용의뢰를 받을 수 있게끔 확장한다.

용성사율이 30% 이상씩 되면 고수익 헤드헌터가 가능하다.

'어떤 클라이언트를 찾아야 하는가?'에 자문자답을 해보면 '나한테 맞는 클라이언트'라는 답이 나온다. A라는 헤드헌터가 매출을 많이 냈던 고객사가 B라는 헤드헌터에게 갔을 때도 매출이 많이 나올지는 미지수이다. 개인차가 많이 적용되는 직업군인지라 1인 사업자의 특성을 띤다.

3) 신규 고객으로 만들겠다는 목적으로 관심이 전혀 없을지도 모르는 대상에게 무작정 전화하여 제안하는 영업 방법이다.

흔히 헤드헌팅을 잘하려면 전문분야가 있어야 하고 근태(근무태도)가 좋아야 한다고 이야기한다. 하지만 이것은 전문분야가 있고 근태가 좋은데 실적이 저조한 헤드헌터들에 대해서는 간과한 말이다. 헤드헌터로 오랫동안 좋은 실적을 내는 데 필요한 것은 다름 아닌 전략이다. 전략은 자기에게 유리한 형국을 만드는 것을 의미한다. 이를 전문분야와 근태에 적용하면 '추천을 잘할 수 있는 분야를 전문분야로 만드는 것, 집중이 잘 되는 시간대를 근무시간으로 하는 것'이 헤드헌팅 성공에 유리한 전략이 된다.

똑같이 전문분야가 있고 근태가 좋은 A와 B인데 A는 거래하는 업 · 직종에 대해 이해가 풍부하고 추천할 수 있는 자원Source이 많다. B는 거래하는 업 · 직종을 잘 모르고 추천이 어렵다. A는 12시부터 ( )시까지를 '선택해서 집중'한다. B는 9시부터 ( )시까지 '근무'를 한다. 잘하는 헤드헌터들은 A처럼 '전략'을 바탕으로 한 전문분야가 있고 근태관리를 하고 있다.

전략의 기본은 자기 자신을 잘 아는 것이다. 따라서 자신이 어느 분야를 잘 서칭하는지, 어느 시간대에 가장 효율적으로 움직이는지 분석해보는 노력이 필요하다. 일단 분야를 가리지 않고 서칭해보는 것이 중요하다. 사회생활을 했던 헤드헌터들은 본인이 경험했던 분야가 익숙해서 그 분야를 전문분야로 만들 수 있는데, 그 분야에서 다른 직무를 잘했던 사람이라도 헤드헌팅 일로 성공하는 것은 새로운 도전이기 때문에 직접경험만 활용하지 말고 간접경험의 활용도 병행해서 성공확률을 높여야 한다. 이미 알고 있는 것에 더해서 새로 학습하는 노력이 필요하다.

우수한 헤드헌터들은 자신에게 맞는 프로젝트를 주는 고객사들을 여러 개 확보하고 있다. 돌이켜보면 신입 헤드헌터 시절, 분야를 가리지 않고 서칭했던 것이 지금 필자가 안정적으로 자리를 잡게 한 원동력이 되었다. 그때 주어지는 채용의뢰건들은 다 꼼꼼하게 살펴보면서 후보자를 찾았었는데, 그렇게 훈련하다 보니 어떤 업 · 직종의 사람들을 잘 추천하고 성사시키는지 알 수 있게 되었다. 많은 사람을 만나봐야 자신에게 맞는 사람을 보는 눈이 생긴다고 하듯이, 많은 프로젝트를 경험해봐야 자신과 맞는 프로젝트를 찾는 안목도 생긴다.

톱 헤드헌터를 꿈꿔라

HEADHUNTER

성과급제 서치펌에서는 보통 헤드헌터의 연 매출이 1억 원을 넘으면 성공적으로 본다. 이런 이들은 꽤 있는데 그들은 다른 업무로 회사생활을 하다가 왔거나, 과거에 인사 담당자였거나 정규직 서치펌에서 일하다 온 경우, 주위에서 헤드헌터를 해보라는 권유에 뒤늦게 직업을 전환한 경우 등 다양하다. 각양각색의 그들을 보면서 '나도 저렇게 될 수 있겠구나.'라고 의욕이 생기기도 한다. 성공사례의 실재는 지금 헤드헌터를 시작하는 사람들에게 희망과 비전이 된다.

사실 성공한 헤드헌터의 소상한 이야기를 소개하고 싶지만, 그들은 각자의 시간과 공간을 포함하여 프라이버시를 침해받지 않으려는 성향이 강한 편이어서 예를 들어 설명하기는 어렵다. 성공한 선배들이 많았지만 그들 자신의 이야기를 공유하려고 한 사람은 많지 않았기 때문에 이런 기회가 왔다고 생각하고 책을 쓰게 된 이유 중 하나이기도 하다.

상위권 헤드헌터의 일상은 사업가를 제외하고 연 소득 1억 원 가까이 받는 직장인을 상상해보면 될 듯하다. 그들이 선두를 계속 유지하는 요인에는 서로 다른 차이가 있겠지만, 공통적으로는 역시 '일을 많이 한다'는 점을 들 수 있다. 업무량과 노력이 엄청나기에 우리가 그들의 모습에서 부러워해야 할 것은 일과 분리한 '삶의 질'이다.

다 그런 것은 아니겠지만, 직장인은 조직 내 인간관계나 성과압박에 의한 스트레스를 많이 받는 편이고 개인에게 오는 시간을 그동안 일한 것에 대한 보상 혹은 스트레스 해소를 위해서 소비활동이나 여가활동으로 보내는 경우가 많다. 반면 헤드헌터는 그런 스트레스에서 비교적 자유로운 편이기 때문에 개인에게 주어진 시간을 생산적으로 쓸 수 있다.

실제로 그들이 자유 시간을 보내는 모습은 비교적 소박한데 친구나 가까운 지인들과 보내는 시간이 많다. 자신의 취미에 집중하며 때로는 일에 시너지 효과를 낼 수 있는 활동에 참여하기도 한다. 어떤 헤드헌터는 업무에 관련된 사람들과 문화생활과 여가를 같이 즐기기도 한다. 여가를 생산적으로 보내기 때문에 성공의 기반이 다져지고 탄탄해진다.

그렇다면 잘하는 헤드헌터를 보며 시도해볼 수 있는 것은 무엇일까? 자신의 현재 상태를 객관적으로 보고 발전해나가는 것이 필요하다. 헤드헌터 상호 간에 배울 점을 본받아 자신이 바라는 성공의 모습을 현실화하고 삶의 질을 높여나갈 수 있다면 좋을 것이다.

HEADHUNTER

PART 04

성공하는 헤드헌팅의 핵심 노하우

청년이고 신입인 경우에는 드러나는 결과만 보고 평가의 말을 하는 선배도 옆에 둘 필요가 있지만 개인의 발전과정에 관심을 가져주는 멘토 같은 선배가 있다면 좋을 것 같다. 전자는 자극을 주지만 후자는 이 직업을 계속하기 위해 더 중요한 기대감과 열정을 유지할 수 있게 도와주기 때문이다. 희망과 열정을 가슴에 안고 실력을 키우다보면 직업이 주는 행복감을 누릴 때가 분명 찾아올 것이다.

채용 결과의 당락을 가르는 경력조회

HEADHUNTER

처음으로 후보자의 채용이 확정됐다고 들었던 때가 기억에 남는다. 성사했던 건은 S전자 해외법인의 회계 관리자Accounting Manager였다. 헤드헌터를 시작한 지 3~4개월 만이었는지라 그 기쁨은 이루 말할 수 없이 컸다. 해외에서 면접을 보는 대신에 후보자를 필자가 근무하는 회사 사무실로 오게 하여 스카이프Skype를 세팅하고 화상면접을 준비한 후 그 화상면접을 치르는 것까지 옆에서 지켜보았다. 그래서 후보자의 역량과 인터뷰 시에 대화법과 감각을 잘 알고 있었고, 후보자의 입사 의지도 생생하게 느낄 수 있었다.

'합격할만한 분이다.'라고 조심스레 기대하고 있었는데 정말로 합격이 결정이 되었고 후보자는 너무나 감사해했다. 입사 일자와 계약 연봉을 잘 합의하여 오퍼레터에 사인을 하였다.

그런데 오퍼레터에 사인을 하고 비자 등의 서류를 준비하고자 하는 과정에서 후보자와 통화가 잘 안 되기 시작했다. 몇 번 전화 통화를 시도했는데 받지를 않아서 메일도 보내고 문자도 보냈더니 나중에 '아내가 입사를 반대한다.'라는 답변이 왔다. 그 점에 대해서는 후보자 추천 전부터 확인했던 사항이었고 인터뷰 중에서나 입사 확정된 후에나 아내도 함께 해외에 가고 싶어 한다고 말을 했었기에 이상하게 여겨졌다. 그래서 다른 이유가 있는 거 아니냐고 재차 확인질문을 했더니 갑자기 '이력서에 잘못 기재한 사실이 있다'는 내용의 메일 답변이 왔다. 경력사항에 기재하지 않은 직장이 있었다는 것이다.

이미 채용하기로 되었고 뭐 하나쯤은 빠뜨렸으면 채용회사에 말해도 이해해줄 수 있겠거니 하고, 그럼 그 직장경력을 추가해서 다시 보내달라고 했다. 그런데 다시 받고 보니 한 개의 직장을 생략한 것이 아니라 두 개의 직장경력을 한 개의 직장 경력처럼 적은 것이었다. 이직이 많아 보여서 그랬다고 했다.

그것 때문에 후보자는 입사확정 후 평판조회하는 것을 두려워했다. 이 상황을 고객사에 그대로 이야기할지 말아야 할지에 대해 회의를 했다. 전달해야 한다는 입장은 고객사도 후보자가 마음에 들었으면 이해하고 채용할 수 있다, 평판조회는 전적으로 고객사에게 맡기자

였고, 하지 말아야 한다는 입장은 헤드헌터로서 우리의 자질과 앞으로의 거래에 신뢰도를 떨어드릴 수 있다는 입장이었다.

이 후보자는 변심으로 인한 입사 포기로 결론이 났다. 처음으로 후보자의 합격을 이끌어냈던 경험이었기에 기쁨도 컸었지만, 결국에는 예측하지 못했던 변수로 입사까지는 못하게 되어 매우 기억에 남는다. 후보자 경력조회의 중요성을 배운 건 당연하지만, 헤드헌터 시작한지 3개월 만에 합격 소식만으로는 완전히 기뻐할 단계가 아님을 알게 되었다.

합격이 취소될 뻔했던 다른 입사자도 있다. 고객사는 젊은 사람들이 선망하는 유명한 기업이었는데 지원자의 출신학교를 좀 선별하는 회사였다. 비공식적으로 지원이 가능한 출신 학교 리스트가 있었다. 여느 때처럼 의뢰받은 포지션의 직무를 잘해낼 것 같은 후보자를 골라 추천했는데 그분은 대기업을 다니는 K대 출신이었다. 고객사에서 어떻게 이런 후보자를 찾았냐고 할 정도로 좋아했다.

그런데 그 후보자가 입사확정이 됐을 때 "저, 서울캠퍼스가 아니라 지방 캠퍼스 졸업했어요."라고 말했다. 어떻게 보면 청천벽력 같은 소리였고 이것이 밝혀지면 채용이 번복될 수 있는 사유였다. 고객사에게 숨길 수는 없는 사실이어서 바로 전달했고 담담이 결과를 기다렸다. 다행히도 이 경우는 잘 풀렸다. 후보자가 스펙을 뛰어넘는 역량으로 면접관의 마음을 사로잡았다. 결국 고객사 측에서는 변함없이 이 후보자를 채용하겠다고 했다. 이 입사자는 옮긴 회사에서 매우 만족스럽게 재직 중이다.

기업에서 핵심인재를 찾아달라고 의뢰하면 어떤 인재를 원하는지 잘 파악하고 그것에 대한 검증을 헤드헌터가 거쳐서 기준이 되지 않으면 추천하지 않아야 한다. 경력을 은폐하거나 허위로 기술한 것이 없었는지 사전에 꼼꼼한 확인이 요구된다. 그것이 고객에게 적합한 인재를 빠르게 찾아주는 길이다.

동료 간 갈등 상황 이렇게 해결하라

HEADHUNTER

일을 하다 보면 동료 간 갈등 상황이 벌어지기도 한다. 필자 또한 그런 상황에 처해 본 적이 있다. 필자와 동기 중 한 명은 팀장으로부터 받은 포지션에 대해 후보자를 서칭하고 있었다. 팀으로 운영이 되었기 때문에 누가 어떤 후보자를 추천하는지 실시간으로 공유되었다. 정말 잘 매칭된다고 생각한 사람에게 제안해서 이력서를 받았는데 그 후보자가 메일에 덧붙인 내용은 '같은 회사의 다른 헤드헌터로부터 같은 제안을 받았었습니다, 이력서는 문보연 헤드헌터에게만 드리니 참고해주시기 바랍니다.'라는 내용이었다.

동기가 먼저 전화통화를 했었는데 이력서는 필자에게 전달한 경우였다. 필자가 이력서 보완작업을 하고 추천사유 작성을 했지만 그때 팀장은 우리 동료 간에 껄끄러운 상황을 방지하기 위하여 만약 이 후보자가 채용이 성사되면 수수료는 우리 둘 다 같은 비율로 나눠 가질 것이라고 하였고, 다음부터는 이력서를 먼저 받는 사람에게 후보자 추천 권리와 채용에 따른 수수료 권리를 100% 주기로 하였다.

이 경험을 통해 알게 된 것은 후보자가 반드시 먼저 제안한 헤드헌터에게 이력서를 주는 것도 아니고 헤드헌터를 선택한다는 것이었다. 동기간에 같은 후보자에게 컨택하는 경우를 방지하기 위해서 우리는 포지션을 제안하기 위해 연락한 사람들의 리스트 공유를 시작하게 되었다.

갈등 유발 원인 1

A기업으로부터 경력직 추천의뢰를 받았을 때 그 포지션은 공고를 올려서 지원자를 모집하는 것이 효과적이겠다고 판단한 적이 있었다. 당시 지원자 K씨는 그 포지션에 적합한 사람인지, 추천하기에 조금 부족한 사람인지 필자 혼자서 심사하기에 어려운 부분이 있었다. 그래서 담당 헤드헌터에게 이력서를 검토해달라고 넘겼다.

그런데 담당 헤드헌터는 아주 괜찮다고 결정을 내려 고객사에게 바로 추천을 했고, 고객사도 좋아해서 속전속결로 면접을 보고 합격하게 되었다. 이때에 필자는 포지션을 제안하기 위해 연락한 사람 리스트에 K씨를 기재했어야 하는데 빠뜨렸다. 그 부분이 잘못이 되어 다음에 동료로부터 컴플레인Complain이 들어오는 원인이 되었다.

갈등 유발 원인 2

B라는 구직자를 알게 됐는데 그 사람은 당시 거래하고 있던 곳에 추천 가능성은 없었지만, 핵심인재라는 생각이 들었다. 관리 대상으로서 전화를 걸어볼 만했고, 이 후보자는 이직 상담을 원하고 있었기에 회사에 초대해 안면을 트게 되었다. 필자는 포지션을 제안한 게 아니어서 연락한 후보자리스트에 공유하지 않았었는데 B씨와 같이 미팅했던 팀장은 거래하던 곳에 추천했고 나중에 동료 헤드헌터가 B씨를 동일 고객사에 후보자로 제안하게 되면서 갈등이 생겼다.

갈등의 경과

회의에서 '팀원 간 후보자 추천 상황 공유'가 안건으로 제시됐다. 팀장과 부팀장 역할을 하는 헤드헌터가 있었고 필자와 동료들이 리서처 역할을 했던 당시, 팀장이 거래처에 후보자 추천 메일을 보낼 때 어떤 팀원이 추천한 후보자이든 모두가 CC(참조 메일)를 받고 있었다.

취지는 1. 후보자에게 중복 연락 방지, 2. 다른 팀원이 추천한 후보자를 보면서 배우고 자극받기(동기부여)였다. 필자는 2번이 주는 긍정적인 효과를 누리고 있었는데 입사 동기가 앞으로 후보자 추천 상황

을 공유하지 말자고 주장했다.

"연락한 후보자를 공유할 필요가 없어요. 공유하기로 해도 누구처럼 안 하고 몰래 빼돌리는 사람이 있는데 뭐하러 해요."

이 내용에 대해 팀장은 해명할 기회를 주었다. 당시에 동료 헤드헌터였던 부장님은 갈등유발원인 1, 2번에 대한 필자의 설명을 듣고 본인이 오해한 부분을 인정한다고 했다. 특히 2번 사례에서 B씨에게 거래처를 제안했을 때 이미 필자를 만나 그 거래처에 대해 들은 바가 있었다고 해서 놀랐다고 하셨다. 그러면서 덧붙이기를, 필자가 일부러 그 사람을 혼자만 알고 있다가 추천하려고 공유를 안 한 줄 알았는데 그런 의도가 없었다는 것과, 오히려 B씨를 추천한 팀장이 후보자리스트에 기재를 빠뜨렸음이 밝혀져서 다행이라고 했다.

그런데 입사 동기는 내가 후보자를 빼돌리고, 팀원들 몰래 사람을 찾는다며 감정이 격앙되어 말했다. 같은 시기에 입사한 동료 외에 한참 후에 들어온 동료도 있었는데, 어떤 선입견도 품고 있지 않았던 후자의 동료들 앞에서까지 필자에 대해 나쁘게 말한 점이 마음을 언짢게 했다.

그날 필자의 실수에 대해서는 진심으로 사과했다. 그런데 이것이 화해로 이어지지 못했던 이유는 입사 동기가 공적인 회의에서 사적인 감정을 표출했고 비속어와 욕설을 했기 때문이었다.

일을 지속하는 것에 대해 고민하던 그 동기는 결국 얼마 지나지 않아 헤드헌터를 그만뒀음을 이직하고 나서 알게되었다. 이러한 해프닝은 헤드헌터 간에 코웍을 하게 된다면 피해의식이 없고 잘하는 사람이랑 해야겠다고 생각하게 된 계기가 되었다.

동료와의 좋은 관계는 일에 적응하고 안착하는 데에 도움이 된다. 충돌하는 부분이 있으면 상식과 매너에 따라 양보도 하고 배려하면서 선의의 경쟁을 하는 것이 헤드헌터로서 롱런하기 위해 갖춰야할 덕목이다.

〈 의뢰사와의 계약은 늘 신중하라 〉

HEADHUNTER

기업과 서치펌은 계약할 때 보통 컨틴전시 컨트렉트Contingency Contract를 맺는다. 단어가 의미하는 그대로 컨틴전시, 조건부 계약인데 후보자가 기업에 채용이 되었을 때만 보수를 주고받기로 하는 것이다. 이런 이유를 들어 일부 기업은 특정 서치펌과 계약을 먼저 한 후에 구인의뢰를 주는 것이 아니라 헤드헌터에게 구인을 먼저 의뢰한 후 후보자를 채용하게 될 때 그 후보자를 추천해준 헤드헌터가 소속한 서치펌과 계약서를 작성하기도 한다.

A라는 회사의 P팀장을 소개받은 적이 있었다. P씨는 자신의 부하직원이 급하게 필요하였고, 기업 채용담당자와 사장에게 헤드헌팅 서

비스를 사용하는 것에 대한 승인과 수수료 합의를 이끌어냈으니 좋은 후보자를 채용하게 해주면 컨설팅 수수료는 바로 입금해주겠다며 구인을 의뢰했다.

약 2주의 서칭을 거쳐서 후보자를 추천하였고 면접을 진행하게 했다. 후보자마다 이 사람은 A가 부족하고 저 사람은 B가 부족하다며 추가 추천을 요구했다. 그래서 원하는 요구사항을 추가로 반영하고 서치의 타깃을 조정한 끝에 두 사람을 더 추천하게 되었다.

기업에서 최종인터뷰를 하던 날, 여느 때처럼 인터뷰 끝날 시간에 맞추어 후보자와 통화했는데, 한 후보자에게 바로 '다음 주부터 나왔으면 좋겠다.'라고 했음을 알게 됐다. 남은 절차는 입사를 위한 마무리, 계약, 수수료 청구였다. P에게 전화를 걸었는데 연결이 잘 안 됐다. 찾기 어려웠던 인재를 채용하게 도와준 것에 대한 간단한 감사 인사가 되었든, 수고했다는 말이 되었든, 보통 들을 수 있는 말까지는 아니더라도 공식적인 합격통보를 들어야 했다. 그런데 전화를 잘 받지 않았고 연락이 없었다. 그래서 '바쁜 시기인가보다'하고 기다리면서 해당 후보자와 통화를 한 번 더했다.

입사날짜와 연봉이 정해졌는지 물어보니 그렇다고 했다. 후보자는 헤드헌터가 아직 제반 사항을 모르고 있는 것에 대해 의아해했고 필자는 아직 기업으로부터 정식으로 연락받지 못했음에 대한 양해를 구했다.

며칠 뒤 후보자에게서 전화가 왔다. 인사팀이랑 통화할 일이 있어서 "헤드헌터가 제가 입사하는 것에 대해 잘 모르는 것 같던데요." 라고 슬쩍 운을 뗐더니, "헤드헌터는 합격한 거 몰라요."라고 말하더라는 내용을 전했다. 후보자는 어렵게 본인을 취직시켜주었는데 그에 대한 대가를 못 받는 일이 없었으면 한다며, 아무래도 기업에서 헤드헌팅 수수료를 주지 않으려고 하는 것 같으니 조심하라고 조언해주었다.

인사팀 담당자 이름과 연락처를 알아냈다. 전화를 걸어서 "그동안 P팀장님 통해서 헤드헌팅 서비스를 제공하고 있었는데 알고 계신가요?"라고 물었다. 그랬더니 알고 있다고 했다. "귀사에서 ○○씨를 이번에 채용 결정함에 따라 인보이스를 발행하려고 합니다. 필요한 사업자등록증을 보내주세요."라고 요청했다. 계약에 관해 이야기를 하니 계약서 작성은 생략하기를 원하며, 대신 수수료는 후보자가 입사하고 나서 해당하는 주에 입금하겠다고 했다. 그런데 사업자등록증을 보내주지 않았다. 사업자등록증이 있어야 거래가 효력을 발휘하도록 인보이스(세금계산서)를 작성하고 발행할 수 있는데 그것을 협조해주지 않으니 후보자 말처럼 의구심이 들었다.

직장 선배에게 이런 경우에는 어떻게 대처해야 하는지 물어봤다. 기업 대표번호로 전화해서 거래처인데 사업자등록증이 필요하다고 하면 줄 것이라고 알려주어 필요한 서류를 손에 넣었고 인보이스 발행을 통해 수수료를 청구할 수 있었다. 하지만 이번엔 입금기한을 맞추지 않았다.

'입금기일이 늦어지는 것이겠지.'라고 생각하면서 다른 헤드헌팅 의뢰건과 거래에 집중해보기도 하였으나, 작게는 내 소득과 생활에 영향을 미치는 문제이면서 나아가서는 기쁨과 보람을 퇴색하게 하는 문제였기에 그냥 있을 수만은 없었다.

거래처는 월요일에 전화하면 '입금이 늦어져서 미안하다, 금요일까지 입금해주겠다.'라고 했는데 똑같은 언행을 1주, 2주 반복하였고 나는 '늦어지는 이유가 있는 것이면 말해달라.'고 부탁했다. 그런데 또 사과만 하며 다음 주에는 정말 처리하겠다고 얘기했다. 차주에 같은 언행이 계속 되풀이되기에 결국 '그렇게 비즈니스 하지 말라.'라고 경고했다. 끝내 입금은 되었으나 정말 경험하지 않아도 좋았을 일이라 생각한다.

계약서를 쓰지 않고 헤드헌팅을 하는 것은 위험한 일이고, 프로 헤드헌터라면 하지 않을 일이다. 계약서를 작성하는 시점은 보통의 많은 계약과 마찬가지로 프로젝트(헤드헌팅 업에서는 '인재서치와 추천')를 진행하기 전이 적합하다. 후보자를 채용하기로 하면 작성하는 것으로 했다가 기업에서 후에 말을 바꾸면 어떻게 할 것인가.

거래처에서 수수료를 계약한 기간 내에 보내주지 않거나 입금해 주기를 피하는 경우가 신입 헤드헌터에게만 생기는 일도 아니고 가끔 발생하는 관행이라고 한다. 따라서 늘 계약서는 꼼꼼히 작성하고 기업이 우량 기업인지 아닌지 가려내는 안목을 키울 필요가 있다.

채용공고 활용 시 유의할 점

HEADHUNTER

후보자를 찾는 방법 중 한 가지는 온라인커뮤니티나 취업포털에 공고를 등록하는 것이다. 헤드헌터 입장에서는 여기저기 직접 사람을 찾아다니는 노력에 비하면 크게 시간 들이지 않고 지원자를 모을 수 있으므로 많은 헤드헌터가 다른 방법과 병행한다.

헤드헌터가 공고를 올릴 때는 채용기업명을 비공개로 하여 올린다. 크게 두 가지 이유 때문이다. 채용기업명을 밝히는 공고는 그 기업에서 직접 등록하여 활용하는 방법이라 겹치기 때문이기도 하고, 더 중요한 이유는 고객사의 기밀 유지 때문이다. 채용정보 중에서도 특히 경력직 채용정보는 기업의 사업현황이나 인력계획과 밀접한 관계가 있기 때문에 불특정 다수에게 알려지는 것을 기업은 원하지 않는다. 따라서 정말 적합한 후보자에게만 기업에 대해서 알려줄 것을 거래처로부터 요구받는다.

필자는 공고에 채용기업의 업종, 규모, 오픈된 포지션의 직무, 직급, 계약형태, 근무지 정도를 추려서 올리고 있다. 기업명을 밝히지 않기 때문에 공고를 보는 이들은 궁금할 수밖에 없고 이것은 문의전화로 이어지며 실제로 공고를 올리면 걸려오는 전화가 많다. 여기서 헤드헌터가 유의할 점이 생기는데 전화를 거는 사람들이 누구인지 먼저 알 필요가 있다는 점이다.

필자에게는 경력이 쌓이면서 공고에 같이 기재하기 시작한 문구가 있다. '문의할 때는 반드시 본인 소개를 간략히 해주시기 바랍니다, 소개 없는 문의는 사양합니다.'이다. 이렇게 된 계기는 다음과 같다.

공고를 보고 연락 오는 사람들은 "○○○에서 공고 보고 연락드렸습니다. 지원하고 싶은데 어떤 포지션인지 설명을 들을 수 있을까요?"라는 말로 이야기를 시작했다.

헤드헌터를 처음 시작했을 때는 전화를 건 사람이 잠재적 후보자이고 친절하게 답변해 줘야 한다는 생각이 있었다. 그래서 상세하게 안내해주면, 통화하는 중간에 반응도 적극적이었고 통화가 끝나면 이력서를 보내주겠다는 사람도 많았다.

그런데 이력서를 보내주겠다고 해놓고 보내지 않는 사람들이 있었다. 며칠 기다리다가 전화해보면 '지원하지 않기로 했다.' '나랑 안 맞는 포지션 같다.'라고 대답할 뿐이었다. 처음 공고를 보고 문의했을 때의 적극성이나 열정, '자기랑 매칭이 잘되는 포지션 같다.'라고 말하던 기대감 같은 것들은 찾아보기 힘들었다. 이런 이야기를 선배 헤드헌터에게 했더니 공고를 보고 전화하는 사람 중 '헤드헌터'가 있다는 정보를 주었다. 헤드헌터에게는 다른 헤드헌터의 공고가 영업수단이 될 수도 있다는 것이었다. 공고를 영업수단으로 하는 헤드헌터가 밟는 절차와 행동의 동기는 다음과 같다.

1. 헤드헌터가 어떤 공고를 올렸다면 그 공고에 해당하는 인력을 찾고 있는 기업이 있다는 것이고, 그 기업은 헤드헌터를 활용하고 있다는 것이다.
2. 그 기업에 대해 내가 가진 DB (관리하는 후보자) 중 추천해볼 사람이 있는 것 같고, 서칭하면 잘할 것 같다, 그 기업을 내가 거래해보자.
3. 어떤 기업과 포지션인지 알아보자. 그리고 해당 기업에 구인의뢰 수주를 위해 영업해보자.

'이렇게 일하는 사람은 소수일 거야.'라고 생각하면서도 확실히 이전보다는 공고를 보고 걸려오는 전화에 대해서 주의를 기울여 응대하게 되었다. 필자가 먼저 기업이나 포지션에 대해 알려주는 것은 하지 않게 됐다. "먼저 소개 좀 해주실래요?"라든지 "이 포지션은 ○○

○경험이 필요한데 유사한 경험이 있었나요?"라고 물으면서 어떻게든 상대가 지원할 수 있는 최소의 자격은 갖추었는지를 확인했다.

통화하는 도중에 상대가 헤드헌터 같다는 느낌을 받았던 때가 있다. 본인소개를 요청하니 필자가 거래중인 기업과 동종업계에 있는 사람이라고 소개했는데 그 후에 질문들이, '선호하는 나이는 어떻게 되는지, 선호하는 성별은 무엇인지, 자신이 지금 A업무를 하고 있는데 채용 중인 기업의 포지션은 무슨 업무를 정확히 필요로 하는 것인지, 연봉과 복리후생은 어느 정도인지'에 대한 것이었다. 보통 관심 있는 후보자들의 경우, "저는 지금 ○○업무를 하고 있으며 ○○업무를 해보기를 원합니다, 몇 살의 여성/남성인데 해당 공고에 지원이 가능할까요?"라고 묻는데 이 사람은 완전히 헤드헌터가 인사팀한테 묻는듯한 질문을 쏟아냈다.

공고를 보고 문의하는 사람들에 대해 조심하면 일이 효율적이 되고, '정말 지원할 의지가 있는 사람'과 '그렇지 않은 사람'을 가릴 수 있다. 예를 들어 간략한 소개를 먼저 요청했는데도 메일을 통하여 '공고를 봤는데 어느 기업인가요?'라거나, '○○에 다니고 있습니다. 기업명 공유해주시면 감사하겠습니다.'라고 딱 한두 마디를 하는 이들도 있었다.

필자는 '성함과 연락처를 알려주면 전화로 안내해드리겠습니다.' 또는 '편하실 때 연락해주시면 안내해드리겠습니다.'라고 회신을 보냈다. 그런데 다시 연락 오는 경우는 10명 중 한 명 정도였다.

공고는 제대로 활용하면 효과가 크지만 그렇지 않으면 시간만 낭비하게 된다. 그 이유로는 첫 번째, 공고에는 적합한 사람만 지원하는 것이 아니라, 적합하지 않은데도 본인이 적합하다고 생각하고 있는 사람, 관심이 있어서 도전해보고 싶은 사람까지 지원한다. 그런데 적합한 사람보다 후자인 사람들이 더 많이 지원하는 경향이 있다. 당신은 수많은 지원자의 이력서를 검토할 시간을 낼 수 있는가? 공고를 통해 적합한 인재를 반드시 확보하겠다는 마음으로 시간을 할애해야 한다.

두 번째로, 공고에는 문의가 잇따른다. 당신은 그 많은 문의를 그 사람들이 어떠한지도 모르고 똑같은 비중으로 성실하게 대응할 것인가? 그렇게 하기보다는 더 성실하게 답변해 줄 가치가 있는 사람을 가려내야 한다.

헤드헌터 중 공고를 통해 채용 성사율을 높이는 사람이 있다. 공고를 통해서 DB를 축적하는 데에 관심을 두는데, 일단 공고에는 조금 자격이 미달하여도 인재를 뽑고자 하는 업종에 해당하는 사람들이 지원하는 점을 이용한다. 자신이 찾아야 하는 인재가 있는 업계, 또는 자신이 전문분야로 두고 있는 업종에서 일하는 사람들이므로 그들이 당장에 적합한 지원자가 아니어도 관리한다. 이번에 자격이 미달하면 다음을 기약하면서 그들 주위에 있는 인재를 소개받기도하고 추천할 때가 있다.

프로 헤드헌터가 스트레스를 대하는 자세

HEADHUNTER

채용 확정된 사람이 늘어갔다. 하지만 그만큼 입사를 포기하는 사람도 생겨났다. 채용확정을 많이 이루어냈다는 것은 기업이 마음에 들어 하는 인재를 추천하는 능력이 발전했다는 것으로 볼 수 있기에 스스로 성장했음을 느꼈다. 하지만 과정에서의 발전이지 결과로는 발전함을 드러내지 못해 아쉬웠다.

입사하기로 최종합의를 잘 끝내놓고도 입사 며칠 전 못 가게 되었다고 할 때, 온 힘을 다해 중재했지만, 연봉협상에서 끝내 결렬될 때, 실무면접을 잘 봐서 최종면접도 무난히 통과할 거라고 생각했는데 탈락할 때, 전형 진행 도중 지원 의사를 철회할 때 등은 정말 난감한 상황이다. 이런 일이 발생하지 않도록 하는 방법이 있을까 싶다가도

100% 예방책은 없고 정말 입사 의지도 강해 보이고 능력도 있는 후보자에게서 일어나는 경우가 많아 예측하기가 어렵다. 안타까운 소식을 전해 들은 날이면 그날은 일찍 자거나 누군가를 만나 얘기하면서 스트레스를 날려버리곤 했다. 결과가 나쁘더라도 하루 정도 지나면 담담하게 넘길 수 있었는데 연이어 악재가 잇따른 달도 있었다.

신규 거래처에서 첫 성사를 시켰는데 합격자가 기존직장에서 승진 결정이 나고 연봉이 생각보다 크게 오르면서 입사 며칠 전 포기한 경우였다. 또 한 경우는 기업이 세워둔 인재상이 까다로운지 몇 달이나 적합한 사람이 없다고 했던 포지션에 필자가 추천한 사람이 서류와 1차를 통과하고 회사 측에서나 후보자 측에서나 다음 전형의 마무리를 잘해서 입사하게 되었으면 좋겠다고 했으나 PT 면접을 준비해야 하는 마지막 관문을 앞두고 후보자가 변심하여 면접을 가지 않았다.

합격한 후보자가 처우수준까지 만족스럽게 협의가 끝났지만 재직 중인 회사의 프로젝트에 발이 묶여서 입사일을 결정하지 못한 경우도 있다. 프로젝트를 이끄는 팀장이라 중간에 그만둘 수가 없는데 새로 합격한 회사는 가고 싶고 입사일을 늦추겠다고 시간을 끌며 양다리를 걸치는 식이었다. 그 회사에서는 이 후보자를 한 달 정도 기다렸고 그 후에 다른 후보자를 추천해달라고 요청이 왔다.

'채용하겠습니다'라는 오퍼Offer를 얻어내는 것을 성과라고 인정받을 수 있었다면 이 모든 경우에 대해 기뻐하고 자부심을 가졌을 것이

다. 하지만 이것은 회사 입장에서 보면 성과가 없는 것이기에 나도 그 영향에서 자유로울 수 없었다.

신입 헤드헌터로 있을 때 발전하는 것은 보지 않고 말을 쉽게 내뱉는 사람을 만났었다. "요새 죽 쒔네, 배불러?" 또는 "○○○한테 좀 배워, 지금처럼 포털에서만 사람 찾으면 안 돼."라는 말들이었다.

잘할 수 있는 방법을 찾는 데에 시간을 쏟고 시도해보면서 시행착오를 겪고 있었다. 고군분투하는 것을 모르면서 그들이 했던 말들은 순간순간 힘들게 했다. 발전 속도가 느리고 가시적으로 성과가 나타나지 않으니까 마음이 조급해지기도 했었다. 그럴 때면 내 페이스를 조절하지 못해서 스트레스로 이어졌던 듯 하다.

만약 비슷한 스트레스를 겪게 된다면 스트레스가 열정을 식게 하지 않도록 자신만의 해소법을 반드시 찾길 바란다. 그리고 청년이고 신입인 경우에는 드러나는 결과만 보고 평가의 말을 하는 선배도 옆에 둘 필요가 있지만, 개인의 발전과정에 관심을 가져주는 멘토 같은 선배도 필요하다. 전자는 자극을 주지만 후자는 이 직업을 계속하기 위해 더 중요한 기대감과 열정을 유지할 수 있게 도와주기 때문이다. 희망과 열정을 가슴에 품고 실력을 키우다보면 직업이 주는 행복감을 누릴 때가 분명 찾아올 것이다.

이직으로 또 다른 기회를 잡아라

HEADHUNTER

많은 사람의 이직을 도우면서 느끼지만 직장을 옮기고 싶은 생각이 든다면 적절한 동기가 있어야한다. 새로운 곳에서 바꾸어보거나 실현해보고 싶은 비전과 동기가 없는 상태로 이직하게 되면 전 직장에서와 크게 다를 바 없는 생활을 하게 된다.

필자 또한 이직을 통하여 성장을 도모했다. 첫 번째, 일감이 떨어지는 상황을 허용하지 않았다. 헤드헌팅을 단독 진행할 때 자신의 거래처에서 채용 건이 항상 발생하면 좋지만 채용의뢰가 없을 때는 당장 할 일이 없게 되는 것이고 새로운 거래처를 찾아서 의뢰를 수주해 와야 하는 긴장감이 생기게 된다. 아무것도 하지 않는 시간을 원치 않게 맞닥뜨리게 되면 내 재능을 맘껏 발휘할 수 없음에 대한 우울감이 함께 올 수 있어서 조심해야 한다. 이 상태가 되지 않게 보완해주는 것이 헤드헌터 동료와 구인 중인 포지션을 공유하고 함께 찾는 것이다.

지금 회사는 약 80명의 헤드헌터가 진행 중인 포지션을 사내 전체 메일로 자주 공유하는 편이기 때문에 필자의 거래처에서 받은 일을 하다가 얼마든지 원하면 다른 동료의 포지션을 찾고 추천하게 되었다.

두 번째, 채용의뢰를 주는 기업들을 확보하기 시작했다. 내성적인 성격이지만 무에서 유를 창출하는 일을 좋아하므로 신규 거래처 발굴을 늘 즐기려고 했다. 그런데 적극적으로 달라고 해서 오더를 받아왔는데 막상 지원자를 구하기 쉽지 않을 때도 있었다. 많은 거래처를 확보하는 것이 필요하기도 하지만, 헤드헌팅은 서칭을 통해 완성되기 때문에 서칭 능력을 키워야 고객에게 책임감 있게 대응할 수 있음을 깨달았다.

세 번째, 단순한 중개가 아닌 '합격률을 높이는 것'에 대한 의무감을 갖게 되었다. 이력서 코칭, 추천사유 작성, 면접관에 대한 자료수집과 성향파악에 심혈을 기울여 서류전형 통과율을 80~90%로 끌어올렸고, 후에는 면접에 가서 좋은 결과로 이어지는 경우가 많아졌다. 적어도 헤드헌터라면 서류전형은 합격하게 해야 한다는 생각이다. 직장 선택의 경험을 통해서 헤드헌터를 지망하는 청년들에게 전하고 싶은 것은 성과급제 서치펌 중에는 당신의 성장과 역량개발에 관심을 가져주는 곳이 많지 않다는 사실이다.

'우리는 젊은 문화(조직)를 지향합니다.', '신입 헤드헌터와 함께 성장하는 것을 추구합니다.'라고 하는 곳도 막상 입사해보면 청년신입 특유의 열정과 패기로 초기에 만들어내는 성과를 최대한 얻어내기 위한 의도에서 비롯된 감언이설이었던 것으로 드러나기도 한다.

회사가 매출에 관심을 갖는 만큼 구성원이 성과를 계속 내고 발전할 수 있게 돕는 역할은 좀처럼 하지 않는다. 따라서 서치펌에 많은 기대를 하는것보다는 자신이 얻어낼 수 있는 것들에 초점을 맞추는 것이 현명할 수 있다. 본인이 속한 서치펌이 정신적 · 물질적 지원을 먼저 하지 않더라도, 요청했을때 제공해줄 수 있는 회사라면 그래도 괜찮은 일터를 찾은 것이다.

헤드헌터나 헤드헌터가 아닌 사람이나 새로 지원하는 기업이 있다면 그곳이 자신이 갈구했던 사항을 충족시켜줄 수 있는 곳인지, 자신의 꿈을 펼칠 수 있는 환경이 조성되어있는지 미리 확인하는 것이 중요하다. 또한, 헤드헌터는 후보자가 이직을 통해 얻고자 하는 사항이 충족될 가능성을 사전에 바르게 안내하려고 노력해야 한다.

HEADHUNTER

HEADHUNTER

PART 05

헤드헌터 vs. 프로 헤드헌터

아직 은퇴할 때가 되지 않았는데 개인사정이 아닌 이유로 퇴사를 준비해야 하는(혹은 이미 퇴사하게 된) 상황에 놓인 이들을 볼 때 안타까움이 많다. 청년들의 취업도 어렵지만 중 · 장년층도 새로 근무할 직장을 알아보기는 똑같이 어렵다는 것을 느낀다.

본업에 충실할 뿐이지만 좋은 결과를 얻었을 때 입사자들은 진심으로 고마워한다. 그런 순간들이 헤드헌터라는 직업의 보람과 기여에 대해 다시 생각해보게 되는 시간이다.

프로 헤드헌터를 위한 자격증&자기계발

HEADHUNTER

몇 년 후에 헤드헌터 업계가 변할 수 있다고, 살아남는 자만 살아남을 것이고, 준비해놓아야 할 것이라고 들은 적이 있었다. 진입장벽이 지금처럼 낮은 구조는 볼 수 없게 될지도 모른다는 생각에 업무 관련 자격증인 직업상담사 자격증을 취득했다.

총 다섯 과목으로 직업 상담학, 직업 심리학, 직업정보론, 노동시장론, 노동관계 법규이다. 직업선택과 직업전환은 인생을 사는 데 있어서 가장 중요한 것 중의 하나이고, 그런 일에 관여하고 있음에 책임감이 더해졌다. 사람들이 직업을 새로 선택하거나 전환하고자 할 때, 그 밑에 깔려있는 동기를 공부하고, 적절한 조언을 효과적으로 할 수 있는 상담기법을 공부했다.

실제로 근로 중에 발생하는 이슈들과 계약 관련하여 도움을 줄 수 있는 시장론과 노동법 기초를 알아두고, 광범위하게 널려있는 직업 정보를 효과적으로 활용하는 방법에 대해서 배울 수 있었다. 행여나 직업상담사를 좀 낮은 레벨의 업무로 여기는 사람들도 있을 수 있단 생각이 들었다. 그것이 소득 면에서는 사실일 수도 있겠지만, 헤드헌터와 직업상담사가 가져야 하는 책임의 무게와 태도는 같아야 한다.

이 직종의 큰 장점은 도움을 주는 것에서 즐거움을 느낄 수 있고 사람과 사람 사이에 맺어지는 인연과 그사이에 우러나오는 행복을 느낄 수 있다는 점이다. 직업상담사 자격이 있으면 채용 시 우대하는 서치펌들이 있다. 또한, 직업상담사 1,2급 자격증 보유자는 헤드헌팅 사업체를 포함하여 유료직업 소개사업을 할 수 있는 대표자 자격을 얻게 되며 관공서에 등록하고 법인을 설립할 수 있다.

어느 직업에서든 전문가가 되려면 부단한 자기계발이 필요하다. 필자는 일을 시작하고 나서 직업과 관련된 자격을 이수한 경우인데 후배 헤드헌터들은 입문할 때부터 일을 더 잘하기 위한 배움과 공부가 선행되어 있으면 좋을 것이다.

헤드헌터로서 비전이나 철학의 필요성을 느낀다. 그래서 세운 비전은 영문 이름의 머리글자와 결합한 'By Moon, 저를 통해 꿈을 이루십시오.'이다. 성공한 글로벌 기업에게는 단순하면서 가치를 추구하는 사명이 있었다는 것에 자극을 받았다. 페이스북, 버진항공, 알리바바의 사명은 각각 '전 세계를 연결한다', '25,000피트 상공에서 사람들을 즐겁게 한다', '천하에 하기 어려운 사업이 없게 한다'이다.

바쁜 중에도 가끔씩 상상의 나래를 펼친다. 필자에게도 이직 사유가 생기는 날이 오면, 해외의 서치펌이나 취업 지원 업체에서 일하는 모습도, 특정 기업의 채용팀에서 경력직을 리크루팅하는 모습도 상상한다. 외국계 서치펌에서 시니어 레벨 헤드헌팅에 집중해보고 싶은 마음도 있다. 헤드헌팅이 공간의 제약을 덜 받는 직업임을 고려하면 시골에서 헤드헌팅을 하게 되는 시기가 올 수도 있겠다.

사실 자기계발이라는 이유로 자신을 계속 다그치는 나를 돌아보면 이 일을 일찍 시작했기 때문에 남들보다 더 노력하려고 애쓰는 것 같다. 주위에 가용할 수 있는 인적 인프라가 많은 상태에서 헤드헌팅을 시작했으면 나태해졌을지도 모르겠다.

사회에 선한 영향을 널리 전파한 글로벌 기업의 인물들처럼, 내가 세운 비전에 공감하고 동참하는 사람들을 많이 만나고 싶다. 지속될 성장의 여정에 동행하기를 원하는 사람들이 있다면 최선을 다해 프로 헤드헌팅으로 보답하리라 다짐한다.

고객사를 선점하려면 빠르게 움직여라

HEADHUNTER

어느 날 함께 일하고 있는 헤드헌터가 "보연 씨도 거래처 한번 만들어보세요."라고 조언했다. 미루지 말고 전화 돌려보라며 새해 초에는 특히 전화하기 편할 수 있다면서, "연초라 전화드렸습니다. 올해 채용계획이 어떻게 되는지 궁금합니다, 도와드릴 부분이 있을까요?"라는 멘트까지 귀띔해주었다.

연락하고 싶었던 기업이 있었다. 이전 직장에서 리서처로 근무할 때 2명을 추천해 성사시켰던 곳이다. 필자가 찾고 추천했기 때문에 그 입사자들은 필자를 잘 알지만, 그 회사의 인사팀에서는 상사였던 프로젝트 매니저Project Manager만 아는 구조였다.

인사팀에 전화해봐야겠다고 전략을 세웠다. 전화했는데 친절하게 대답해주었다. '올해 채용계획이 있는지 궁금합니다.'라고 하면 '없습니다'라고 하는 데도 많다고 들었는데, 오픈 포지션을 알려주었다. 물론 나도 온 힘을 다해 그 회사에 관심을 가져왔음을 드러냈다. 그 회사에서 게시한 채용공고를 봤었으며 그런 분야로 추천을 몇 번 성사했었기 때문에 도움을 줄 수 있을 거라고 했다. 필자가 추천했던 사람이 그곳에 있다는 건 괜히 선입견을 품게 하고 싶지 않아서 비밀로 하였다.

"그렇게 추천해드리겠습니다!"라고 얘기하고 일주일쯤 지났다. 생각보다 적합한 인재의 소싱이 쉽지 않았다. 적합한 인재를 일주일 동안 못 찾아서 심적 부담이 커졌다. 이것도 인재추천 서비스이고, 스피드도 중요한데 적합한 인재를 찾는데 도울 수 있을 거 같다고 해놓고 일주일이나 감감무소식이라면 부끄럽기도 하고 그쪽에서 헤드헌터에게 갖는 이미지도 좋지 않을 것 같았다.

그래서 인사팀에게 전화를 걸었다. 후보자를 찾으려고 노력 중이며 시간이 좀 더 필요할 것 같다, 대신에 어떤 인재를 원하는지 좀 더 자세히 알려주면 도움이 될 것 같다고 했다. 인사팀은 또 한 번 인재상을 설명해주며 기회를 주었다. 인사팀에게 전화한 것은 정말 스스로도 잘했다고 생각했다.

'성의를 보여주고 결과는 하늘에 맡기자.'

차주에는 4명의 후보자를 추천할 수 있었다. 메일로 이력서들을 보낸 다음 날, 인사팀에 전화를 걸었다. 이력서를 잘 확인해보았는지 말이다. 그런데, 가슴이 내려앉는 답을 들었다. 우리 회사의 타 헤드헌터와 그날 전화해서 만나기로 했다는 것이었다. 헤드헌터와 인사팀을 방문할 때는 보통 인재추천 건이 있으면 받고 관계를 구축하기 위함이다. 그런데 진행하고 있는 나는 아무것도 모르고 있고, 그렇게 만나기로 했다고 하니 어리둥절하기도 하고 걱정스러워졌다. 다행히도 인사팀이 '이미 문보연 헤드헌터를 통해 진행하고 있다.'고 말해줬다고 했다. 그리고 놀란 걸 눈치챘는지 교통정리 깔끔하게 잘할 거라고 믿는다고, 본인은 한 명이랑만 진행할 생각이지 한 서치펌에서 두 헤드헌터가 곤란한 상황을 일으키면 우리 회사와는 거래할 수 없다고 말하였다.

전화를 끊자마자 사장님에게 사실을 알렸다. 사장님은 다행히 내가 먼저 진행하고 있었기 때문에 걱정하지 말라고 하였다. 사건 당일 저녁에 같은 회사에 컨택했다는 타 헤드헌터가 전화했고, 자초지종을 설명하기를 본인이 오래 기회를 엿보고 있었던 업체이고 지인이 임원으로 근무 중이라고 했다. 그래서 새해 초이고 해서, 그 임원 친구를 통하여 인사팀을 소개받았으며 앞으로의 거래를 위해서 만나려고 했던 것이고, 필자가 진행하고 있는 사실은 본인도 모르고 있었다고 했다.

결국 나의 클라이언트로 하는 걸로 정리되면서 그분도 깔끔하게 포기하셨다. 추천한 후보자 중 몇몇이 인터뷰를 하게 되었다. 인사팀을 방문해서 첫인사를 나누고 회사와 오픈포지션 소개를 들었다. 한 시간 반 정도 커피숍에서 이야기를 나누었는데 분위기가 좋았다. 마지막에도 "잘 부탁드립니다."라는 말을 들었다. 이런 과정으로 나의 첫 클라이언트가 탄생하였으며 다수의 후보자를 여러 차례 면접에 보낸 끝에 입사자가 나왔고 계약하게 되었다.

박람회장에서 거래처 확보하는 법

HEADHUNTER

삼성동 테헤란로 일대는 무역센터와 코엑스를 중심으로 비즈니스 허브를 이루고 있다. 서치펌이 많은 지역이기도 한데, 이 일을 시작하고 나서 코엑스에서 빈번히 열리는 세미나나 박람회에 관심이 생기게 되었다.

예를 들어 거래처가 유아용품 기업, 헬스케어 기업, IoT 기업 등 다양했는데 유아용품 박람회나 의료산업 심포지엄, IoT 세미나 같은 것을 참관하면 기업들이 전개하는 사업에 대해서도 알 수 있고 해당산업의 종사자들과 네트워킹도 가능한 자리가 될 수 있다고 생각했다. 갈 때마다 매출로 바로 이어지고 성과에 영향을 주는 소득을 얻고 온 것은 아니지만 확실히 거래처 및 의뢰받는 포지션들에 대한 이해를 높일 수 있었다.

어느 날은 대규모의 채용박람회가 이틀 동안 코엑스에서 열렸다. 200여 개의 가까운 기업부스들이 있었고 구인과 기업홍보를 위해 나온 인사담당자들과 일자리를 알아보러 나온 구직자들로 북적거렸다. 처음에는 구직자 모드로 기업 부스들을 쭉 둘러보았다.

두 번째 돌 때는 박람회장 앞에서 나누어준 책자를 손에 들고 읽어가면서 혹시 영업할만한 곳이 있을지 연구했다. 책자에는 기업 소개와 더불어 현재 채용 중인 포지션들도 나와 있었다. 필자는 전화로 대화하는 것보다 직접 만나서 이야기하는 것을 잘하고 자연스러워하는 성격이었고 그렇기 때문에 이렇게 방문한 채용박람회장에서 인사담당자들 명함만 수집해오면 아쉬울 일이었다. 용기를 냈다. 관심이 가는 기업을 하나 설정하고 대화를 길게 하려고 사람이 없을 때를 기다려서 갔다.

"안녕하세요, 서치펌에서 왔는데요~, 제가 ○○업종을 주력하고 있거든요, 혹시 ○○포지션 찾고 있다면 설명 좀 듣고 갈 수 있을까요?"

전화로는 냉대할 수 있는 사람이라도 얼굴을 마주하면 그렇게 차갑게 대할 수 있는 이는 많지 않을 것이다. 부스에 앉아있던 분은 친절하게 인사를 받아주며 기업 브로슈어를 손에 쥐여주었다. "몇 페이지 보시면 그게 저희가 생산하는 주요 제품이고요. 그것을 설계해본 전장엔지니어가 필요합니다. A,B,C 기업에 비슷한 업무를 해본 사람이 많을 거예요. 적합한 인재가 있는지 알아봐 주시고 연락주세요."

첫 부스 공략이 이렇게 매끄러운 대화로 귀결이 되니 다음 부스를 찾아가도 재밌을 것 같았다. 기업 특성에 따라 '서치펌에서 왔는데요~' 이후의 멘트는 조금씩 달리했는데 "제가 ○○분야에 적합한 인재가 좀 있어서 추천해 드릴 수 있을지 궁금합니다."라든지 "혹시 추가로 서치펌 하나 더 쓰실 여지가 있을까요?" 등이었다. 한 군데 한 군데 정성들여 인사담당자들을 만나고 채용계획이 있는 포지션에 대해서 대화를 나누다보니 시간이 빨리 갔다. 물론 첫 인사말에 '서치펌 안 씁니다.'라고 말을 자른 인사팀 담당자도 있었지만 성의껏 대응해 준 분이 더 많았다. 방문한 부스를 체크하면서 메모하다 보니 책자는 너덜너덜해지고 있었다.

11시에 갔는데 시계를 보니 4시가 되어가고 있었다. 마침 사장님이 필자가 자리를 비운 걸 궁금하게 여겨 문자를 남겨놓은 상태였다. '외근중입니다'라고 답장을 드렸는데 '박람회?'라고 회신이 왔다. 사장님도 오늘 박람회가 있다는 얘기를 들어 잠깐 들르시겠다고 했다. 그렇게 해서 사장님과 참여기업에 관해 이야기를 나누는 기회를 가질 수 있었고 아직 방문하지 않은 곳 중에 거래처로 뚫을만한 곳을 추천받을 수도 있었다.

그렇게 다음날에도 동일한 박람회장을 찾았고 영업을 열심히 시도하였으며 그중 한 군데는 거래처가 되었다. 그 기업은 박람회 첫날과 이틀날에 모두 방문했고 둘째 날엔 회사소개서를 출력해가서 제공할 수 있는 서비스에 대해 부연설명을 했다. 그렇게 돌아와서 바로 정리한 엑셀 파일에는 신규거래처 1개, 미래수요 기대기업 8개, 타 서치펌과 거래하고 있는 곳 8개가 등록되었다. 이는 거래처를 확보하기 위한 첫 발걸음이었고 훗날 어떻게 다시 만나게 될지 궁금하다.

프로 헤드헌터의 SNS 활용법

HEADHUNTER

어느 날 책을 읽는데 '성공하는 기업가가 되려면 일곱 가지 축을 가져야한다.'는 부분이 있었다. 그것은 바로 '좋은 사람을 보는 안목, 무엇이라도 팔 수 있는 감각, 복잡한 문제를 단순화하는 능력, 시스템 구축 능력, 비전에 대한 축, 시대가 어떻게 흘러가는지에 대한 직감, 끈기'였다. 과연 필자에게는 열정을 보태줄 시스템이 있는지 돌이켜보게 되었다. 이때부터 회사가 운영하는 시스템 활용에 더 적극적이 되었고 SNS 채널을 구축하게 되었다. 개인적으로 마크 저커버그 팬이면서 페이스북 애용자였기 때문에 업무에 적용할 방법을 찾아보기로 했다.

페이스북 프로필을 비즈니스용으로 바꿨다. 그리고 전문가 그룹들

blog

을 찾아서 가입승인을 요청했다. 그렇게 해서 서로 다른 직업군 10여 개 그룹의 회원이 되었고 구인정보를 공유하고 소통하는 채널로 이용하게 되었다.

페이스북을 통해 알게 된 사람들은 이력서를 잡포털에 올리지 않는 성향이 있고 본인이 가입한 그룹 멤버들 사이의 정보공유와 인맥을 통해 이직을 시도하는 경향이 있는데 필자가 그 가교역할을 할 수 있게 돼서 기뻤다. 서로가 SNS에 올리는 사는 모습 또한 엿볼 수 있었기 때문에 더 친밀한 느낌이 있었다.

페이스북 이용과 관련된 일화는 취미 관련 커뮤니티에서 일어났다. 직장인 독서커뮤니티에서 활발히 활동 중이었던 어느 날 북카페 트

Boyeon Moon 네. 감사합니다~ 꼭 참석해서 인사나누고, 슬로우리딩과 함께 다양한 생각을 나누며 토론해 보고 싶네요! 🙂 PS. 헤드헌터인지는 알았지만, 이노베이션에 관심 많은지 몰랐어요. 1인 사업자로 일하는지도... 저도 혁신 관련 새롭고 흥미로운 프로젝트를 지인들과 만드려는 중입니다. ^^
좋아요 · 더 보기 · 오늘 오전 1:00

Boyeon Moon
Creative한건 다 좋아하고 최근 퍼스널브랜딩에 주목하게 됐어요..^^ 구상중이신 새로운 프로젝트에 작게라도 기여할게 있다면 알려주세요:) 뵐날을 기대합니다!
수정됨 · 좋아요 · 👍1 · 더 보기 · 오늘 오전 1:34

Boyeon Moon Creative 역시 좋아합니다. 퍼스널브랜딩에 관심있으시면, 제가 공동번역 및 감수해 출간한 "Me 2.0 - 나만의 브랜드를 창조하라"도 추천드립니다. 자주 소통하면 좋겠네요. 협업할 부분들이 있을지도~ 🙂
좋아요 · 더 보기 · 오늘 오전 1:40

사진 독서커뮤니티에서 나눈 SNS대화 중 일부

렌드에 대한 게시물을 올렸는데 예전에 잡포지션을 제안했던 후보자가 '좋아요'를 눌렀다. 반가워서 댓글 채팅을 시도했다.

대화 상대는 오프라인 독서모임이 있다는 것을 몰랐던 상황이어서 다음 모임 때 필자를 통해 나오게 되었다. 그룹에다 관심을 두고 있는 분야에 대해서 가끔 글을 올렸었는데 그 부분에 대해 자연스럽게 대화가 이어져서 좋았다.

SNS의 영향력은 상당하다. 일화에서처럼 업무상으로 알던 사람인데 사적으로 친해질 계기를 만들어주기도 하고, 그 역의 경우가 발생하기도 한다. 구인공고를 본 회원이 다른 지인에게 전달하는 효과까지 누릴 수 있고 이력서를 보내는 사람들이 늘어난다. 이런 채널을 통해 추천하게 된 사람들이 면접을 보고 입사하기도 했다.

페이스북을 비롯한 SNS는 젊은 세대가 사용에 더 익숙하므로 헤드헌터가 되고자 하는 청년들이라면 희망과 자신감을 보탤 수 있는 수단이 될 것으로 생각한다. 스스로 운영되는 시스템을 활용한 간접 수고 또한 정말 값진 일이다.

책임감은 헤드헌터의 필수 역량이다

HEADHUNTER

패션용품을 수입 · 유통하는 기업에서 영어가 능통한 MD를 찾아달라는 의뢰가 있었다. 다수의 후보자를 접촉 끝에 국내 홈쇼핑업체에서 영업과 상품기획을 하다가 유학을 다녀와서 영어활용이 가능한 근무환경을 찾고 있던 분을 추천하여 채용을 성사하게 되었다.

새로 입사하고 한 달쯤 지나 연락했을 때 목소리가 매우 밝았고 업무만족도와 대인 관계만족도가 최고에 달하는 듯했다. 그런데 반년이 흘러 전화가 왔다. 소속된 사업부가 없어질 거 같다는 내용이었다. 브랜드를 독점 수입하고 있었는데 판권이 다른 곳으로 넘어가서 미래를 준비해야겠다는 요지였다. 회사 측에선 미안해하며 다른 조직으로 업무전환의 기회를 주려고 하고 상황이 나아질 때까지 기다리면서 다니라고 했다는 말을 전했다.

한 직장에서의 근무 기간이 짧으면 인사팀에서는 신뢰하지 않는다. 철새처럼 잠시 머물다 곧 떠날 것으로 여기는데, 의도치 않았지만 그렇게 보이도록 만들 수 있다는 생각에 매우 미안했고 다음 차례의 이직을 잘 준비해줘야겠다는 책임감이 들었다. 5월에 입사하고 11월에 전화를 했는데 그때는 마땅한 채용 건이 없었다. 하지만 머릿속에 계속 의식이 되었고 MD와 관련된 공고는 놓치지 않으려고 주시했다. 두 달 경과 후 그분에게 걸맞은 포지션을 발견하는데 성공했고 다시 한 번 호흡을 맞추게 되었다. 새로 도전한 기업은 면접뿐만 아니라 인 · 적성 검사와 평판조회를 통과해야 해서 어려웠음에도 불구하고 좋은 결실을 맺었다.

중견기업 임원급의 채용 의뢰를 받았을 때였다. 고객사의 사업 아이템을 다루는 시장은 한정적이었는데 동종업계의 대기업 출신 인재를 영입하여 회사를 이끌어주기를 원했다. 기업에서 제시할 수 있는 처우사항과 비전을 살펴보았을 때 현재 대기업에 잘 다니고 있는 임원을 이동시키기에는 무리수가 있었다. 그래서 타깃 서치를 할 기업 리스트를 만들어서 최근에 퇴사한 사람들을 조사하기 시작했다. 소개도 요청하고 직접 서치하여 능력이 출중하나 구조조정의 여파를 피해가지 못했던 인재 리스트를 확보할 수 있었다. 추천한 사람에 대한 거래처의 반응은 좋았다. 구직이 필요했던 타이밍과 포지션을 제안한 타이밍이 맞물려서 재취업이 매끄럽게 이루어졌다.

아직 은퇴할 때가 되지 않았는데 개인사정이 아닌 이유로 퇴사를 준비해야 하는(혹은 이미 퇴사하게 된) 상황에 놓인 이들을 볼 때 안타까움이 많다. 청년들의 취업도 어렵지만 중·장년층도 새로 근무할 직장을 알아보기는 똑같이 어렵다는 것을 느낀다.

본업에 충실할 뿐이지만 좋은 결과를 얻었을 때 입사자들은 진심으로 고마워한다. 그런 순간들이야말로 헤드헌터라는 직업의 보람과 기여에 대해 다시 생각해보게 되는 시간이다.

에필로그

청년 헤드헌터의 찬란한 가능성

'오랫동안 일정한 연륜과 경력을 갖춘 사람들이 도전하는 직업, 또는 은퇴 후 창업을 준비하는 사람들이 주로 시도하는 직업'

이것이 지금까지 가지고 있는 헤드헌터의 선입견이다. 하지만 직접 경험해본 결과, 대졸 신입도 얼마든지 도전할 수 있고 잘할 수 있는 직업이다. 사실 청년들이 헤드헌팅 업계에서 가능성을 찾을 수 있는 이유는 조직문화 때문이라고도 생각한다.

기성세대가 일할 때 '생존'에 영향을 받았던 습관이 남아있다면 지금 나와 같은 세대는 일을 통해 의미를 찾는 것에 중점을 둔다. 그래서 단순하거나 가치가 적다고 생각하는 일이 주어지면 잘 안하려고 드는 모습이 드러나기도 한다. 이것은 눈치나 희생을 강요당하는 기업에서 조기 퇴사하는 젊은 신입이 증가하는 원인이 되기도 하고, 헝그리 정신이 없다고 비판을 듣게 되는 결과를 낳기도 한다. 하지만 현대의 청년들은 의미 있는 일이라고 생각하는 것에는 스스로 주말 시간도 반납할 만큼 몰입하고 헌신하며 능력을 발휘한다. 이런 점을 고려했을 때 헤드헌팅에서 뜻을 찾고 흥미를 느끼는 청년과 수평적이고 자유로운 문화를 가진 서치펌은 궁합이 매우 잘 맞으며, 청년헤드헌터들은 업계에 역동성을 부여하면서 자신의 가능성을 무궁무진하게 펼칠 수 있다.

기본급을 받는 곳에서는 자신이 진행해야 하거나 진행하지 않을 고객사를 가려내지 못하고 할당되는 대로 일해야 하는 상황에 맞닥뜨릴 수 있다. 이렇게 또 다른 분위기의 서치펌에서도 배울 점이 있으련만, 필자는 뚝심으로 성과급제를 고수하고 있어서 정규직 서치펌의 모습을 다루지 못한 점이 아쉽다. 하지만 이 책이 현재와 미래의 프리랜서 헤드헌터들을 위한 참고서가 되기에 충분하다고 믿는다.

굴곡 없이 이 일을 할 수 있도록 힘을 더해준 인연들이 있다. 가족과 선입견 없이 호흡을 맞추고 있는 인사담당자들, 그리고 동료 헤드헌터들에게 감사하다. 책을 쓰고 싶어하던 열정과 가능성을 믿고 출간에 이르도록 도움 주신 나성원 대표님과 유지은 실장님께 고마움을 전한다. 선배 헤드헌터 중 필자의 이야기로 심기가 불편해진 분이 있다면 이해와 넓은 아량을 구하고 싶다.

20세기 상담심리학자 로저스Carl Rogers가 말하기를, 좋은 인생을 사는 사람은 '완전히 기능하는 사람Fully Functional Person', 즉 자신의 잠재력을 인식하고 능력과 재질을 발휘하며 자신을 완벽하게 이해하고 경험을 풍부하게 하는 방향으로 나아가는 사람이라고 하였다. 독자들이 '자신으로 하여금 완전히 기능할 수 있도록 도와주는 직업'을 찾을 수 있길 진심으로 기원한다. 자신의 분야에서 찬란한 가능성을 품은 이 세상의 멋진 인재들과 만나게 되길 기대한다.

BOUNS PAGE

헤드헌팅,
못 다한 이야기

1. 헤드헌팅 프로젝트는 얼마나 걸릴까?

후보자를 추천해서 한 사람의 채용이 결정되기까지 보통 한 달이 걸린다. 구인기업에서는 계획을 세운 입사시기보다 두 달 앞서 의뢰를 준다. 의뢰를 받은 1주차에 서칭과 추천을 하고 2주차에 서류전형 피드백을 받으며 3,4주차에 실무진 면접과 임원 면접 두 차례를 치른다. 그러고 나면 합격자가 결정되고 연봉협상과 입사계약의 절차가 진행된다. 후보자는 채용확정 후 2주에서 1개월 후 입사하므로 한사람이 온전히 다른 직장으로 옮겨갈 때까지 총 2개월 정도 걸리게 된다.

보통 두 달 걸려 대기업이나 외국계 기업을 진행한다면, 국내 중소기업의 경우에는 예정하는 입사 시기에 근접했을 때 의뢰를 주고 면접을 한 번에 봐서 입사 시기가 좀 단축되는 편이다. 헤드헌팅 절차 한 바퀴에 한 달에서 두 달이라는 시간은 어쨌든 짧지 않기에 일정관리 능력과 인내심이 필요하다.

헤드헌팅 수수료는 후보자가 입사 후에 해당 기업에서 입금해준다. 입금기한은 구인기업의 인사팀과 계약할 때 설정하는데, 빠르면 입사한 날짜의 다음날에서 1주, 길면 60일이 넘기도 한다. 소득이 다달이 발생하지 않을 수 있다는 점에서 프리랜서 헤드헌터는 수입 계획을 늘 고려해야 한다.

2. 헤드헌터의 업무난이도

헤드헌터의 진입장벽이 낮다고 해서 업무난이도까지 낮은 것은 아니다. 이것은 '경쟁세계'라는 특성 때문이다. 첫 번째 경쟁은 거래처를 만들 때 발생한다. 일단 특정 기업에서 구인의뢰를 수주해와야 하는데 기업에서는 한 서치펌 당 한 명의 헤드헌터에게 의뢰하므로 자신이 소속된 서치펌에서 다른 헤드헌터가 이미 거래 중인 곳은 영업대상이 될 수 없다. 이런 조항 때문에 많은 사람이 지인이 있는 곳을 고객사로 개발하려 하다가 다른 동료 헤드헌터가 하는 곳이어서 포기할 수밖에 없는 모습도 보게 된다.

두 번째 경쟁은 후보자 서칭에서 일어난다. 기업 입장에서 채용을 하나의 서치펌에게만 맡기기가 어렵다. 서로 다른 서치펌의 여러 헤드헌터에게 같은 채용의뢰건을 주기 때문에 동시에 채용의뢰를 받은 헤드헌터 사이에는 기업이 마음에 들어 하는 후보자를 더 빠르고 더 정확하게 찾아줘야 하는 대결 구도가 발생한다.

3. 잘하는 서칭 분야를 찾기 어려울 때

다수의 헤드헌터들이 서칭하기 좋아하는 포지션은 어떤 직종일까? 이 포지션의 특징은 1.어느 기업에서나 존재하는 직무이기 때문에 인재DB의 축적이 쉽고, 2.업종이 바뀌어도 적응하는데 무리가 적기 때문에 서로 다른 업종에 추천이 가능하다.

두 가지 특징을 동시에 지닌 포지션은 바로 경영 · 사무 직종이다. 기업의 인사, 재무, 회계, 총무와 같이 중추역할을 하는 오퍼레이션(관리) 포지션들, 좀 더 나아가 경영기획과 같은 포지션이 나오면 헤드헌터들은 다른 때보다 적극적으로 서칭에 임한다. 직무가 보편적이라서 이해가 쉬운 이유도 있다.

여러 업종과 직종의 포지션을 찾아봤음에도 불구하고 본인이 어떤 분야를 잘 찾는지 알기가 어렵다면 경영 · 사무 직종의 서칭부터 잘할 수 있도록 연습해보는 것도 하나의 방법이다. 경영, 사무

분야는 자기 거래처에서나 동료 거래처에서나 언제나 필요로 할 가능성이 있다. 그러므로 괜찮은 인재가 보이면 잘 관리하면서 적합한 포지션이 나왔을 때 적극적으로 추천해보길 바란다.

4. 입사자의 조기퇴사 방지

헤드헌터는 자신이 추천해서 들어간 입사자가 3개월이나 6개월 이내에 그만두게 되면 퇴사한 날로부터 정해진 기간 내에 수수료 없이 다른 입사자를 추천해 주어야 한다. 이렇게 대체 추천을 해 줌으로써 책임과 의무를 다하게 되지만 만약에 대체 추천에 실패하면 수수료를 환급한다. 보통 환급률은 '수수료 × [보증기간 90일(또는 180일) - 실근무일 수] ÷ 90일(180일)'이다.

공들여 뽑은 인재가 일찍 그만두는 것을 보고 싶어 하는 기업은 없고 어떤 기업이든 역량이 검증되고 안정적으로 성과를 내줄 수 있는 인재의 입사를 원한다. 이런 이유에서 인사담당자이든, 헤드헌터이든 자신이 뽑는 인재가 새로운 직장에 잘 적응하고 오래 다닐 수 있을 사람일지 가려내는 노력을 하게 된다. 객관적인 지표를

무시할 수 없기에 이직이 잦았던 후보자는 추천에서 밀린다. 피치 못할 사정에 의하여 어쩔 수 없이 이직해야만 했던 경험을 반복한 후보자도 보게 되는데 그런 경우는 재고한다. 그런데 몇 차례의 이직을 했는데 갈수록 근무 기간이 짧아진 사람은 아무리 유관 경력 보유자이고 능력이 출중하다고 해도 개인의 성격 특성과 뗄 수 없다는 생각에 추천이 어렵다.

추천할 때 후보자 보증기간만 채우기를 바라면서 추천하는 것은 구직자와 기업, 헤드헌터 모두에게 득이 되지 않는다. 새로운 기업

에서 안정적으로 성과를 낼 인재를 선별해야하고 그렇게 하면 입사한 사람들이 일찍 그만둘까봐 걱정할 일도 없게 된다.

5. 꾸준히 성과를 내기 위한 마음가짐

헤드헌터 중에 본인이 추천한 사람이 서류나 면접을 통과했는지, 지금 어느 단계를 진행 중인지 먼저 이야기를 풀어놓는 동료들이 있다. 그런데 진행상황에 대해 얘기하다 보면 도중에 예정된 면접을 포기하거나 합격했는데 가지 않겠다는 후보자들을 봐야하는 상황이 생기기도 한다. 그런 경험들을 겪다보면 일어나는 일들 사이에 인과관계가 없고 우연이라는 것은 인정하지만 당혹스러운게 사실이다. 여러 상황들이 헤드헌팅을 하면서 생동감을 줄 수 있지만 주의할 점도 있다. 순간순간의 결과에 일희일비 하다보면 감정의 소모에 휩쓸려 평상심을 유지하기가 어렵고 헤드헌팅을 오래 하기 위해서는 이와 같은 일회성 감정에 휘둘려서는 안된다. 어떤 일을 하던 마찬가지겠지만 담담하게 성과를 지속해서 내야 롱런할 수 있다.

6. 해외 서치펌과 외국계 서치펌 상황

서치펌이 분포한 나라들을 조사해보면 국내 서치펌처럼 자국의 인재수급 해결에 주력하는 사업체도 있지만, 외국계 기업의 형태로 다른 나라에서 진출하여 세운 사업체가 있다. 본국의 기업들이 글로벌 경영을 확대하기 위해서 진출하는 국가에 같은 목적으로 헤드헌팅 사업체가 설립된 경우를 볼 수 있는데 공통적으로는 세금정책이나 법률 환경, 사회기반 시설이 좋은 나라들이 서치펌을 유치하고 있다. 호주권(뉴질랜드, 호주)과 북미권(미국, 캐나다), 유럽권에서는 헤드헌팅 사업체가 일찍부터 생겨났고, 아시아권에서는 홍콩과 싱가포르 같은, 기업을 경영하기 좋은 나라들에 서치펌이 많은 편이다. 우리나라도 기업하기 좋은 나라로 알려지면서 다국적 서치펌의 국내 진출이나 우리나라 토착 업체와의 업무 제휴가 활발해진 편이다.

해외 서치펌과 외국계 서치펌은 국내 토착 헤드헌팅 회사와는 조금 다른 업무환경을 갖고 있는데, 업종별 전문가 그룹의 구분이 확실히 되어 있는 경우가 많고 컨틴전시 컨트렉트(성공급 조건) 외에 리테이너 컨트렉트(선불금 조건)로 프로젝트를 수행하기도 한다. 국제적 네트워크를 바탕으로 글로벌 인재 헤드헌팅에 강점이 있으며 글로벌 인재인 헤드헌터를 유치하기에 좋은 기업문화를 갖춘 듯 보인다.

7. 어학능력의 활용

영어를 잘 공부해두면 쓸모가 있다. 기업에서 보내주는 직무기술서 JD, Job Description를 이해하기 위해 기본적인 영어독해 능력도 필요하지만, 잘할수록 후보자와 기업에 서비스를 제공할 수 있는 확률이 커진다.

후보자로부터 이력서Resume와 커버레터Cover Letter를 받으면 국문 이력서 보완을 돕듯이 교정이나 첨삭을 돕는 게 가능하다. 동시에 후보자들이 영어로 쓴 글을 읽어보면 대략 어느 정도의 영어 능력을 갖추고 있는지 가늠이 되어 추천 여부를 결정하는 데 도움이 된다. 영어회화 실력이 검증된 후보자만 추천해달라는 요청이 있을 때에는 후보자와의 사전 인터뷰 중 영어 질문을 도입할 수 있다.

또한, 외국인도 지원 가능한 구인의뢰를 접수했을 때 적합한 외국인 후보자를 찾으면 불편 없이 커뮤니케이션을 할 수 있다.

외국인이 채용담당자인 거래처를 확보하기 위해서도 어학능력이 득이 된다. 반드시 '영어'가 아니더라도 중국어, 일어 등 제2외국어를 하면 그 외국어를 쓰는 후보자나 기업과 거래할 때 유리하다.

8. 이력서(경력기술서) 작성시 참고사항

헤드헌팅을 하다보면 막막한 이력서를 받을 때가 있다. 여러 경우가 있지만 경력연수에 비해 경력기술이 짧을 때 아쉬운 마음이 든다. 경력이 10년 가까이 되는데 한두 페이지에서 끝나는 이력서가 그러하다. 그런 경우는 다시 상세하게 쓰도록 요청하는데 헤드헌터의 도움을 거치지 않고 해당 기업에 접수하면 탈락할 정도로 성의가 없어 보인다.

서류전형에서 심사하는 것은 지금 구인하는 자리에 필요한 역할을 지원자가 제대로 소화해낼 수 있는 경험과 역량을 갖추었는지이다. 그것을 경력기술서에 빠짐없이 드러내야 한다. 본인은 핵심만 추려서 썼다고 생각할지라도 이력서를 보는 사람은 전 직장에서 수행했던 역할과 성과를 썼을 것으로 기대하게 되는데, 내용이 짧으면 했던 역할이 별로 없었던 것으로 보일 수 있다. 즉, 구직자가 염두에 두어야할 부분은 지원하는 포지션과 관련된 자신의 경험을 집중하여 성의있게 작성하는 것이다. 명료한 것과 짧은 것은 구별된다는 점을 명심해야 한다.

직종별로 이력서를 쓰는 주안점에 조금씩 차이는 있다. 예를 들어 연구개발 · 설계 직종은 보유한 기술, 설계Tool 사용능력을 드러내는데에 초점을 맞춰야 하고 영업직은 실적과 성과를 숫자로 표현할 줄 알아야 한다. 경영 · 사무 직종은 조직 내의 헌신 정도나 성실성, 정확함 등을 서류에서 평가받게 된다. 디자이너나 IT개발

자는 포트폴리오와 코딩능력을 보여주는 자료가 중요하다. 컨설팅이나 외주작업을 수행하는 직군은 프로젝트별로 일목요연한 기술이 필요하다. 각각의 프로젝트 기간, 팀 구성, 팀 내에서의 역할, 기여도, 성과 등을 기재하면 좋다. 관리자나 임원급 포지션에 지원하는 사람들은 실무 능력 이상으로 리더십을 보여주는 경력기술이 포함되어야 한다.

여기까지가 경력직이 이력서를 잘 쓰기 위해 공통으로 참고할 수 있는 사항이라면 신입에게 주고 싶은 팁Tip도 있다. 최근 신입사원들은 공모전, 어학연수, 창업, 인턴, 자격증 취득, 기타 대외활동 등 많은 경험을 보유한다. 경험이 없어서 이력서를 못 쓰는 경우보다 경험이 많아서 이력서가 장황해지는 경우가 늘었다. 하지만 지원하는 분야는 하나인 것이고 그 하나에 집중할 수 있어야 한다. 본인이 쌓은 경험들이 일관되었다면 다행이지만 그렇지 않으면 모든 것을 기재할 필요는 없다. 오픈 포지션에 자신이 적합하다고 보여주는 내용의 비중을 늘려야 한다.

서로 다른 업종에서 단기 인턴십을 여러 번 했다고 쓴 사람보다 지원분야와 가까운 한두 개의 분야에서 장기적으로 업무경험이 있다고 쓴 사람이 서류에서 설득력이 있다. 그리고 지원동기에는 직무에 지원하는 이유에 더해서 그 기업에 지원하는 이유도 같이 써주는 것이 좋다. 지원기업에 대한 관심을 보여주기 때문이다. 자기소개서에는 그동안의 성장 과정에서 체득한 직업관과 자신이 기여할 수 있는 점, 포부 등을 기업이 원하는 인재상에서 벗어나지 않는 정도로 쓰는 것이 좋다.

HEADHUNTER TIP

헤드헌팅 입문자를 위한 실전 팁

가. 고객(클라이언트) 확보 - 세일즈 마케팅 방법

a. 고객사 확보의 가장 중요한 포인트는 '주어진 시간에 얼마나 효과적으로 마케팅을 하고 진행하는가'이다.

b. 짧은 시간에 많은 클라이언트를 확보하는 중요한 방법은 전화를 이용하는 것이다.

c. 잠재고객이나 대기업을 위주로 접근하는 방법은 충분한 경력(3년 이상)이 쌓인 이후에 진행하는 편이 올바르다. 일반적으로 많은 클라이언트를 확보한 후 해당 클라이언트의 다른 클라이언트에 대한 소개로 인해 진행하는 건이 많기 때문이다.

d. 고객사의 경우 헤드헌팅의 조건 성사부의 특성상 특별한 헤드헌팅사 관계가 아니라면 우수한 인재를 추천해 준다고 할

때 긍정적이다. 또한, 클라이언트 확보의 가장 쉬운 방법은 현재 공개되어 회사 자체에서 공고를 올린 회사를 직접 컨텍하는 것이다. 그 이유는 회사에서 공고를 올렸다고 하나 많은 지원자가 지원하는 것이 아니며 직급, 경력, 연봉 등에 대해 맞추어진 인재에 대해 추천받고 나면, 인사담당자가 회사 예산만 있다면 헤드헌팅을 통하는 것을 편하다고 여기기 때문이다.

e. 주요 공략 포인트

- 안정성을 가지고 실적을 올리게 될 가장 높은 확률

· 국내 벤처기업, 코스닥 상장 준비기업, 코스닥 상장사: 10~200명 규모

· 신설 외국계 기업 : 2~5명(향후 우량 클라이언트가 될 시에 30명 규모로 늘어날 때까지 실적을 올릴 확률이 높아짐)

· 일반 외국계 기업: 10~100명 규모

대기업을 진행 시 후보자 컨텍은 쉬우나, 진행자체 시간이 오래 걸리며, 오더 진행부터 실적 발생 후 입금기간까지 최소한 3개월은 잡아야 하는 부담감이 있다. 위의 기업들의 경우 대부분 1~2차 인터뷰로 진행이 완료되고, 이후 수금 일정까지도 짧게 진행

되는 편이다. 특히, 헤드헌팅의 의미를 단순히 우수한 인재를 추천한다고 생각하면 금물이다. 인재가 필요하지만 채용을 못하고 있는 작은 규모의 기업들과 외국계 기업에 대해 헤드헌터가 회사의 비전에 대해 제대로 파악하고 후보자를 설득해서 입사하게 하는 것이 경력 헤드헌터들의 일반적인 방법이다.

f. 전화를 통한 영업 및 오더 수주

- 잡사이트의 채용공고가 오래된 공고 순서부터 준비해서 해당 회사를 클릭한다.
- 일반적으로 인사담당자의 연락처는 나와 있으나 담당자의 이름이 나와 있지 않은 곳도 많기 때문에 잘 접근해야 한다.
- 제일 중요한 것은 전화를 통해 마케팅 및 오더 수주에 대해 부담감을 가지지 않는 것이다.

인사담당자는 이러한 헤드헌팅 사용 의뢰 전화를 자주 받는 편이기 때문에 업무상 바쁘거나 헤드헌팅 진행사가 많을 경우, 또는 회사의 예산이 부족해서 사용 못한다고 말할 때가 있다. 경력 헤드헌터들도 여전히 신규 고객사 발굴을 위해 전화하고 진행한다. 그들도 10통의 전화를 하면 대부분 80% 정도는 거절을 당하지만, 10~20% 정도의 고객사와는 실무적인 채용이나 업계현황에 대해서 이야기를 나눌 수 있다.

나. 오더 진행 시 후보자 컨텍 및 추천

- 실제로 헤드헌터의 업무 중 가장 어려운 부분은 후보자의 발굴이다.
- 대형 서치펌이나 작은 서치펌이나 자체 보유 DB가 많다고 하지만, 대부분 잡사이트의 인재서치 DB를 같이 활용하고 있다. 경력헤드헌터의 경우 본인이 보유한 우수한 DB는 본인실적과 연관되기 때문에 회사의 공유 DB로 선뜻 내놓지 않는 편이다. 잡사이트를 서치하는 방법과 채용공고를 통해 많은 회사를 진행하는 것이 확률적으로 중요하다.
- 채용공고: 채용공고란 하단에는 반드시 연락처 및 이메일 컨텍 포인트를 남겨야한다. 특히, 임원급, 부장급 등의 관리자급의 경우는 채용공고를 통해 우수한 재원을 확보할 때가 많다.

* 잡사이트 서치

- IT 분야 또는 주니어급의 경우는 괜찮은 DB가 많다.

- 경력 헤드헌터라고 할지라도 임원급만을 진행하는 사람은 없다.

- 잡사이트를 서치해보면 마음에 드는 사람도 있지만, 그렇지 않은 사람이 더 많다. 높은 관리자급의 경우는 낮은 관리자급 후보자를 컨택받아서 소개를 부탁한다. 의외로 많은 사람들이 소개해주는 경우가 있다.

- 후보자 컨택 및 추천

실적 좋은 경력헤드헌터들은 1~2개 회사에 몰입하여 후보자 추천을 준비하지 않는다. 보통 5개 이상의 회사를 컨택하여 5~10개의 포지션을 동시에 진행한다.

물론 혼자서 독립으로 진행하는 고객사의 경우 반드시 찾아야 하겠지만, 대부분 경쟁을 통해 진행하는 고객사가 많기 때문에 후보자를 못 찾는 것에 스트레스를 받지 말고 다른 포지션을 검색하고 후보자를 발굴한다. 5개 이상의 포지션을 진행하면서 오더 테이킹도 병행하면, 후보자 추천서류 작업 등을 포함해 1주일을 보내기에 충분하다. 1~2개 회사의 포지션에 몰입하면 리스크가 있다. 고객사 중에는 쉽게 채용하는 경우도 있지만, 어떤 고객사는 참으로 친절하고 좋은 관계를 유지하면서도 1년에 1건 실적내기도 힘들다. 1년 정도 업무를 해보다 보면, 나만을 찾는 클라이언트가 반드시 생긴다. 1개 회사에 1년에 5명 정도 넣는 회사가 있다면 이제 헤드헌터로서 메인 고객사가 생긴 셈이다. 궁합이 잘 맞는 회사를 찾는 것이 무엇보다도 중요하다.

다. 후보자 추천 이후

최초 진행 고객사의 경우 가장 중요한 포인트이다. 피드백을 봐서 내가 추천한 사람의 수준이 어떤가에 대해 판단을 내리고 인사담당자와 커뮤니케이션을 해야 한다. 피드백이 성의가 없거나 너무 늦게 피드백을 하는 고객사는 과감히 정리하는 것이 시간을 절약할 수 있다.

발췌: 〈프로매치코리아〉 헤드헌팅 실무 교육자료

참고사이트

http://kin.naver.com/qna/detail.nhn?d1id=4&dirId=406&docId=183636534&qb=7J2466Cl7YyM6rKs7JeF7LK0IO2XpOuTnO2XjO2Mhe2ajOyCrCDslYTsm4Pshozsi7EgMTAw66eM7J24IOydvOyekOumrCDssL7slYTso7zquLAg7ZiR64+Z7KGw7ZWp&enc=utf8§ion=kin&rank=4&search_sort=0&spq=0

http://news.chosun.com/site/data/html_dir/2016/06/10/2016061000272.html

http://www.yonhapnews.co.kr/bulletin/2015/03/06/0200000000AKR20150306170300086.HTML

http://m.sisafocus.co.kr/news/articleView.html?idxno=148060

http://www.naeil.com/news_view/?id_art=202839

http://navercast.naver.com/magazine_contents.nhn?rid=1801&rid=&contents_id=69132

http://navercast.naver.com/magazine_contents.nhn?rid=2531&rid=&contents_id=68058

http://kin.naver.com/qna/detail.nhn?d1id=4&dirId=406&docId=183636534&qb=7J2466Cl7YyM6rKs7JeF7LK0IO2XpOuTnO2XjO2Mhe2ajOyCrCDslYTsm4Pshozsi7EgMTAw66eM7J24IOydvOyekOumrCDssL7slYTso7zquLAg7ZiR64+Z7KGw7ZWp&enc=utf8§ion=kin&rank=4&search_sort=0&spq=0

https://ko.wikipedia.org/wiki/%EC%A0%84%EB%AC%B8%EC%A7%81

http://terms.naver.com/entry.nhn?docId=1137776&cid=40942&categoryId=31861

http://hrp.jobkorea.co.kr/HRpartner/HH_Use/HH_define.asp

http://blog.daum.net/parkland/15774074

http://www.newsis.com/ar_detail/view.html?ar_id=NISX20160101_0013812142&cID=10201&pID=10200

http://www.econovill.com/news/articleView.html?idxno=287556

http://terms.naver.com/entry.nhn?docId=17988&cid=43659&categoryId=43659

http://terms.naver.com/entry.nhn?docId=2178778&cid=51072&category

Id=51072

http://dam1home.tistory.com/39

https://namu.wiki/w/%EC%A7%81%EA%B8%89

http://www.honam.co.kr/read.php3?aid=1468940400498280174

http://www.jobnjoy.com/portal/jobnews/public_company_view.jsp?nidx=152783&depth1=1&depth2=1&depth3=3

http://www.dt.co.kr/contents.html?article_no=2016011102101331747002

http://www.moneys.news/news/mwView.php?no=2016051610468064739

http://cafe.naver.com/outsourcingis2/25544

http://www.dt.co.kr/contents.html?article_no=2016062202101331780004

http://www.newsmaker.or.kr/news/articleView.html?idxno=20741

http://www.g-enews.com/ko-kr/news/article/news_all/201605041633580606712_1/article.html

http://hrp.jobkorea.co.kr/LIst_SH/SH_Main.asp

http://www.ikld.kr/news/articleView.html?idxno=49347

http://blog.naver.com/kangshik/72065663

http://terms.naver.com/entry.nhn?docId=1218993&cid=40942&categoryId=31847

http://cafe.naver.com/hrclick

http://navercast.naver.com/contents.nhn?rid=222&contents_id=39910

http://www.lgeri.com/management/organization/article.asp?grouping=01020200&seq=549

참고 문헌

- 《프리에이전트의 시대가 오고 있다》 다니엘 핑크 지음 | 석기용 역 | 에코리브르 | 2001.06.28.
- 《사장의 촉 (성공하는 기업가의 공통점)》 이경만 지음 | 파포스(PAPHOS) | 2015.08.28

나는 경력없이 인맥없이 헤드헌터가 되었다

1판 1쇄 펴낸날 2016년 12월 27일

지은이 문보연
펴낸이 나성원
펴낸곳 나비의활주로

책임편집 유지은
일러스트 정혜민
디자인 design group All

주소 서울시 강북구 삼양로85길 36
전화 070-7643-7272
팩스 02-6499-0595
전자우편 butterflyrun@naver.com
출판등록 제2010-000138호

ISBN 978-89-97234-89-9 03320